WAKE UP

唤醒艺术大脑

神奇的艺术法则

下

段鹏 主编

人民邮电出版社
北京

图书在版编目（CIP）数据

唤醒艺术大脑. 神奇的艺术法则. 下 / 段鹏主编
. -- 北京 : 人民邮电出版社, 2023.7
ISBN 978-7-115-60408-8

Ⅰ. ①唤… Ⅱ. ①段… Ⅲ. ①艺术－少儿读物 Ⅳ.
①J-49

中国版本图书馆CIP数据核字(2022)第226496号

内容提要

艺术不只存在于博物馆和画廊，在我们生活的世界里，艺术无处不在，需要的只是一双善于发现的眼睛！

《唤醒艺术大脑 神奇的艺术法则》分为上下两册，用轻松、有趣的形式，为孩子揭开艺术欣赏与艺术创作的奥秘，巧妙地运用总结主要思想、分析原因和结果、区分事实和观点等开放式的探究方法，引导孩子发现名作与生活中的艺术法则，思考艺术家如何运用艺术法则实现创作意图，从而激活、唤醒孩子的“艺术大脑”，从小培养孩子的艺术感受力、创造力和思辨力，让孩子获得终身受益的审美素养。

本书为下册，主要包括对称与平衡、符号与抽象艺术、多种多样的艺术三个方面的内容。这些都是艺术世界里重要的法则，是构成艺术作品的基本原理。它们就像是艺术家手中的魔法棒，组合与变化之间，“艺术”就诞生了！

本书适合5~12岁的儿童阅读，也可供从事美术教育工作的相关人员和机构参考使用。

◆ 主　　编　段　鹏
责任编辑　董　越
责任印制　周昇亮

◆ 人民邮电出版社出版发行　　北京市丰台区成寿寺路 11 号
邮编　100164　　电子邮件　315@ptpress.com.cn
网址　https://www.ptpress.com.cn
中国电影出版社印刷厂印刷

◆ 开本：889×1194　1/16
印张：10　　2023 年 7 月第 1 版
字数：256 千字　　2023 年 7 月北京第 1 次印刷

定价：128.00 元（全 2 册）

读者服务热线：(010)81055296　印装质量热线：(010)81055316
反盗版热线：(010)81055315
广告经营许可证：京东市监广登字 20170147 号

目录

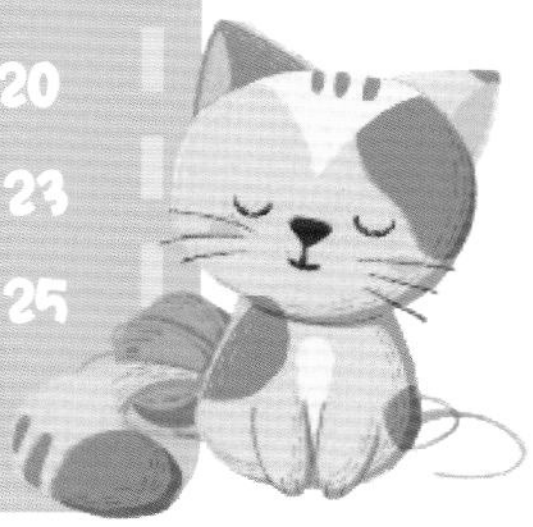

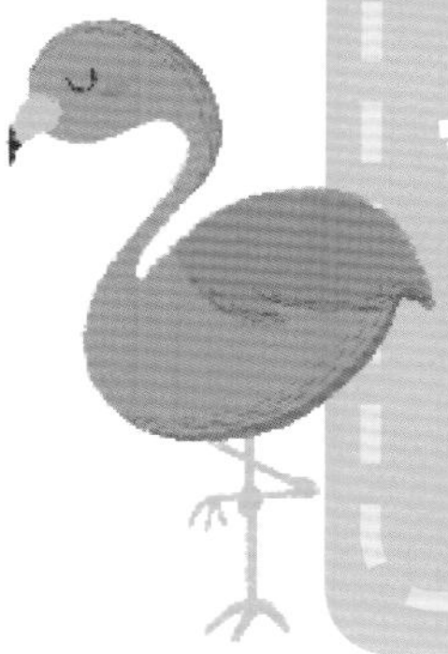

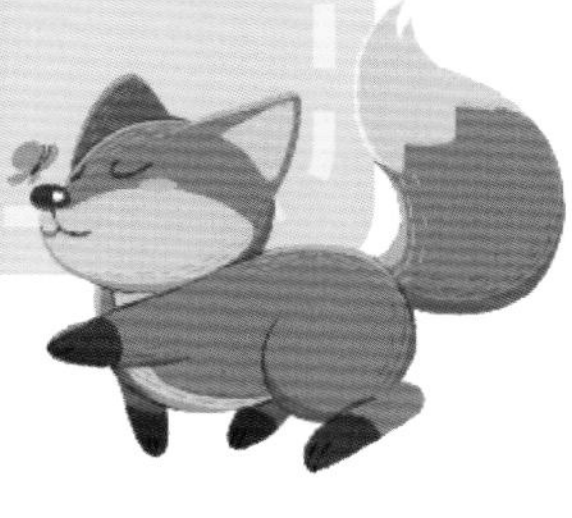

第四单元

对称与平衡

一对好伙伴

单元重点词汇

· 对称平衡 · 不对称平衡

· 放射状平衡

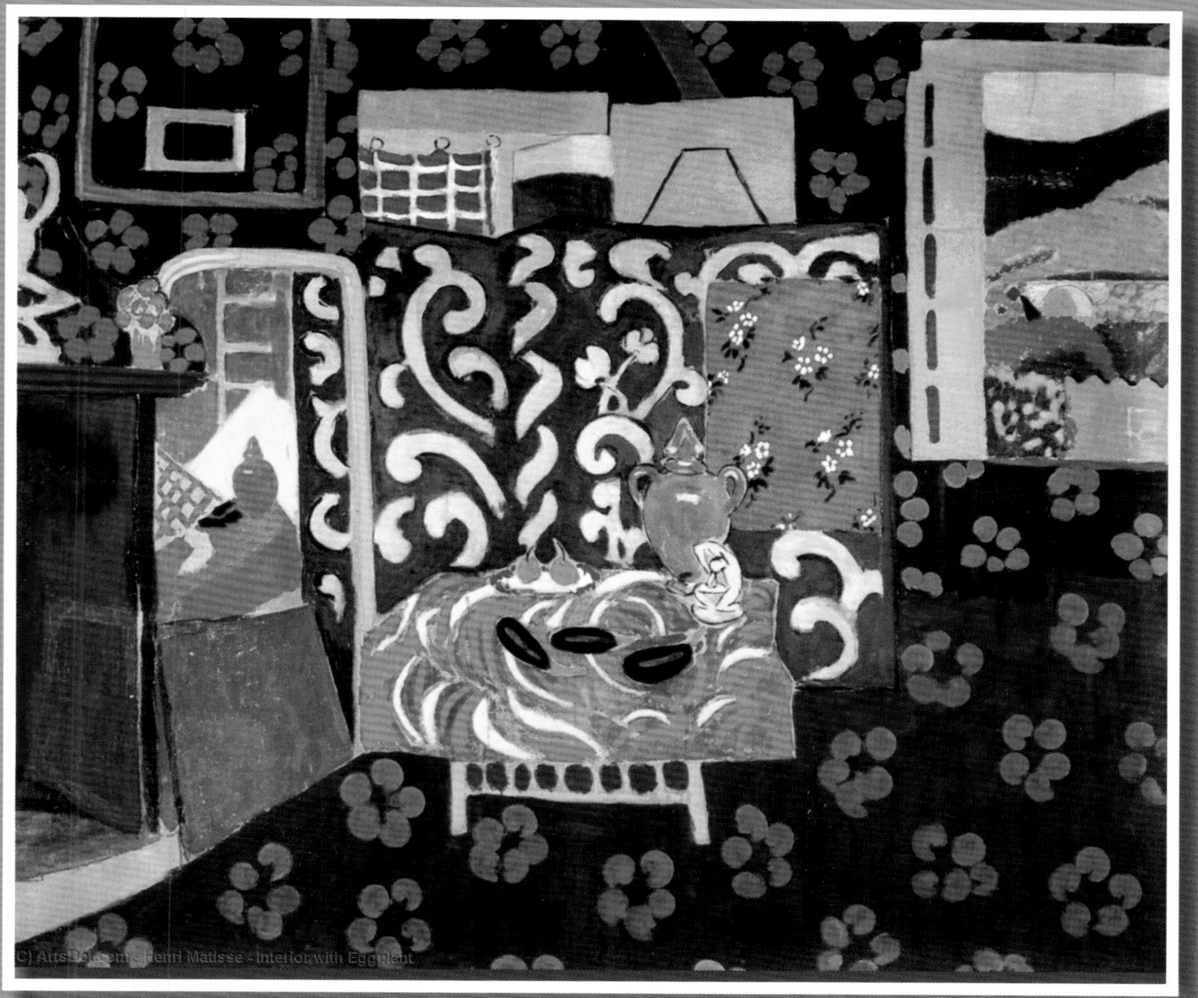

▲ 作品名称：《有茄子的室内景》
作　　者：亨利·马蒂斯

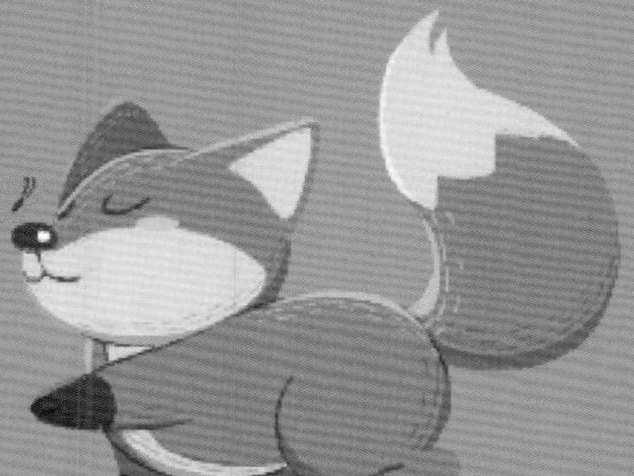

欣赏技巧

得出结论

有时候你需要通过线索来理解你所看到的内容。当你把你看到的和已经知道的信息结合在一起时，你就可以得出结论。

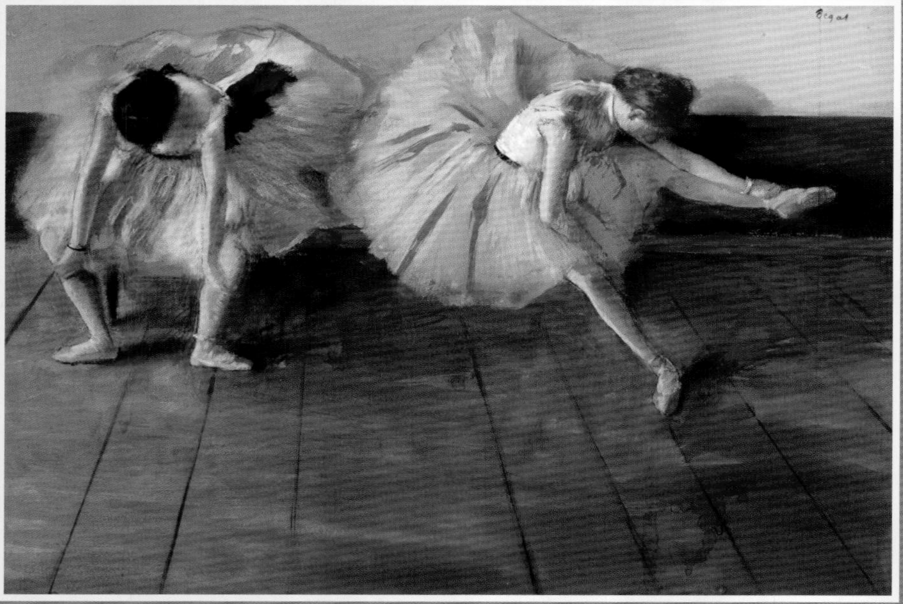

◀ 作品名称：《两个芭蕾舞者》
作　　者：埃德加·德加

请看上面的图片。通过一些线索，你可以得出这两位芭蕾舞者非常疲惫的结论。

·你看到了什么：两个女孩都低头弯腰，坐在椅子上休息。一个将双手搭在膝下，一个把一条腿放到了椅子上，在用手按摩自己的脚背。

·你已经知道的信息：人们感到疲惫的时候会坐下休息，对于特别酸痛的部位，会用手给它按摩。

你也可以通过“得出结论”这个欣赏技巧来帮助自己理解艺术作品。阅读下面的文字，通过你读到的和你已经知道的信息来得出结论。

德加通常被认为是印象派的创始人之一。印象派强调捕捉自然状态下的光线，以及轻松、随意的姿态——不是为了绘制肖像而特意摆出来的美好姿态，而是艺术家通过观察而捕捉到的生活中的随意姿态。德加把人们描绘得好像他们没有意识到自己被画了一样，他选择绘制后台和极为个人化的场景，他以不同寻常的、经常令人不安的视角捕捉到了过去常常被忽略的细节。

你认为德加如今有名吗？为什么？

补充以下图表，得出结论。

我读到的		得出结论（我认为的）		我知道的
埃德加·德加通常被认为是印象派的创始人之一。	→		←	

阅读本单元的课程内容时，使用上面的图表来对文本和艺术作品得出结论。

第二十课 对称平衡

概念词汇 **对称平衡**

你还记得上册中讲到的平衡与对称吗？

当画面两侧的形状大致相同时，画面就是对称的，给人一种平衡的感觉。

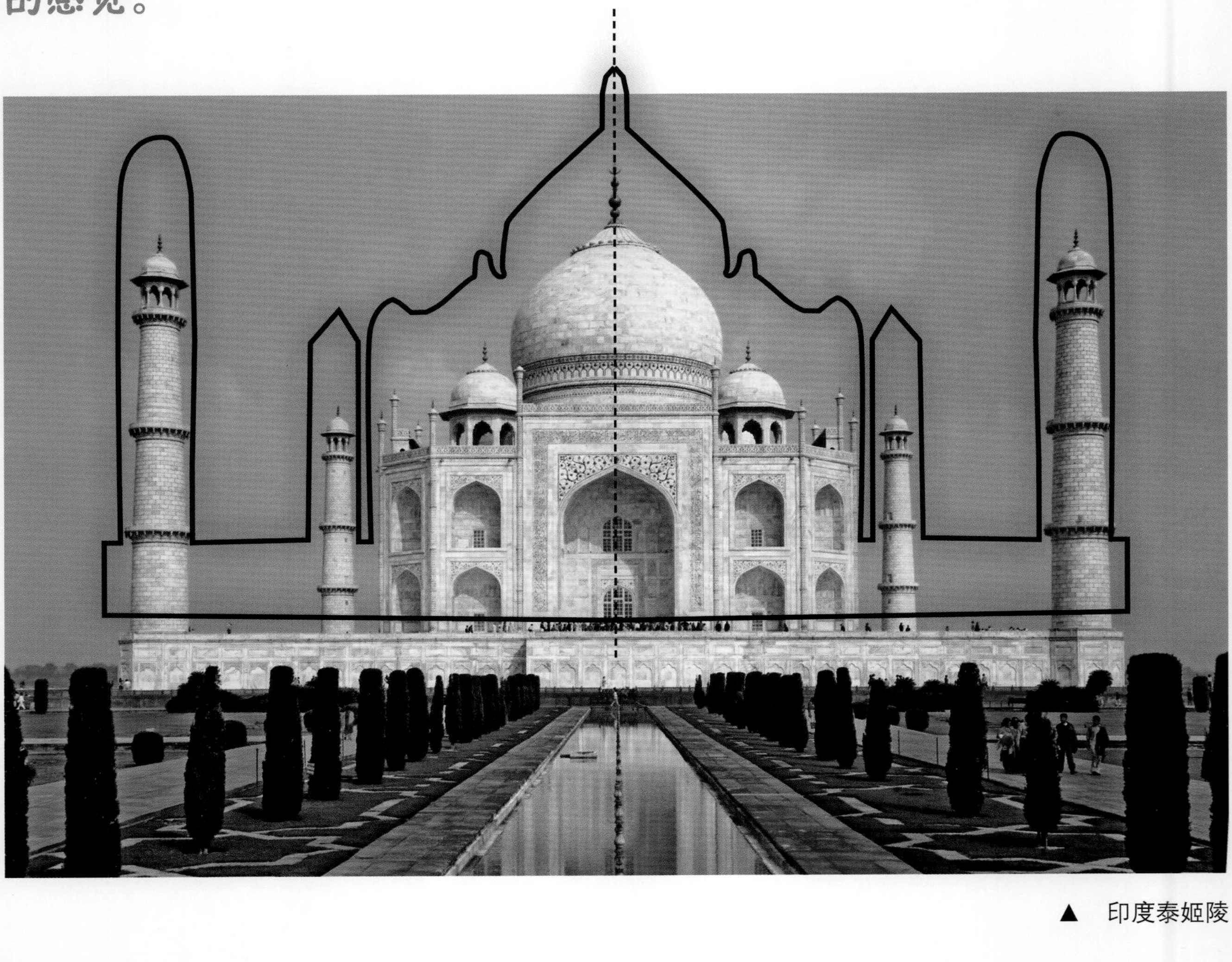

▲ 印度泰姬陵

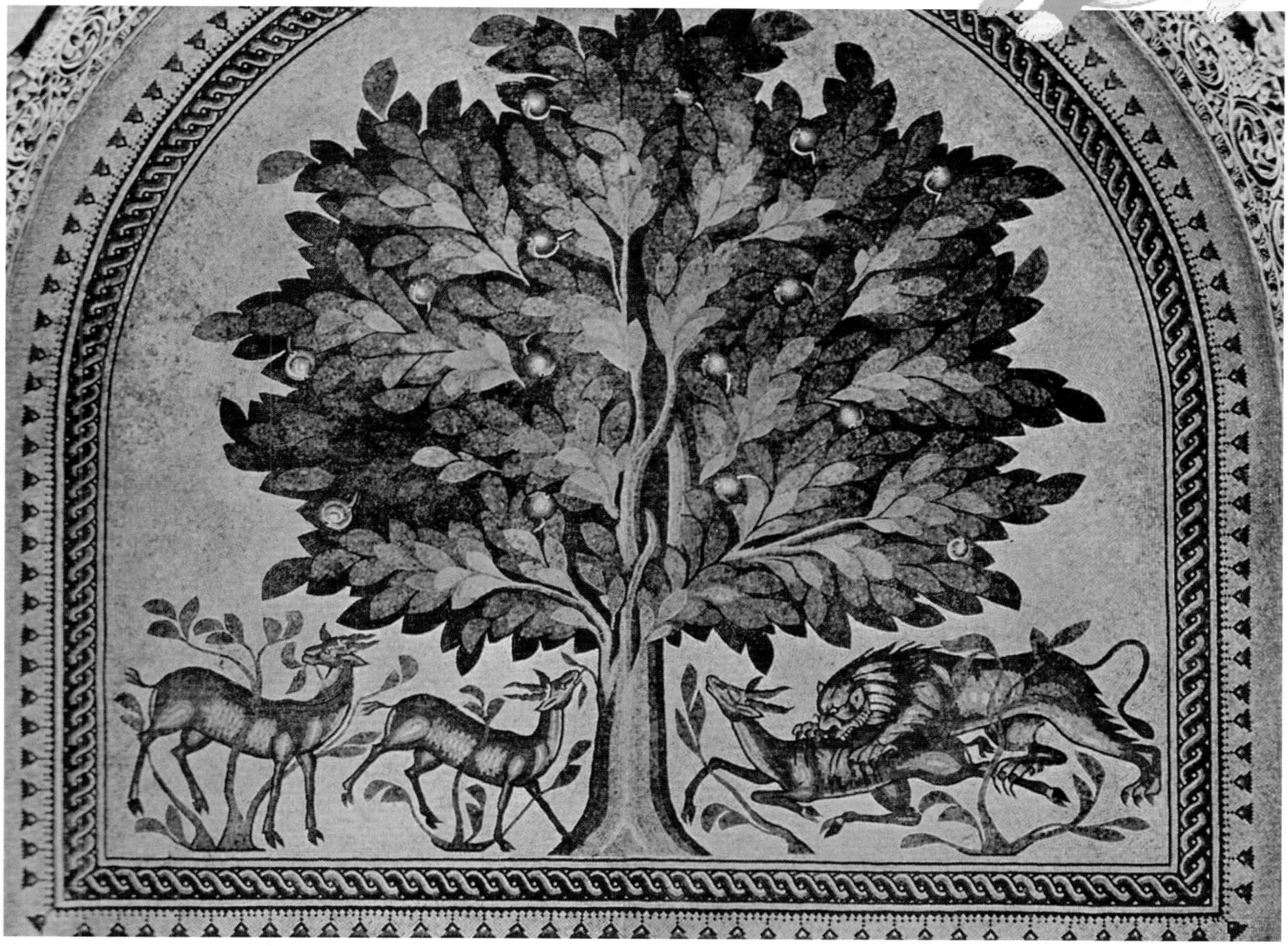

▲ 巴勒斯坦希沙姆宫马赛克地板

*艺术有很多方式来创造平衡的感觉，***对称平衡***就是其中之一。*

*在一幅***对称平衡***的作品中，给出一半的图案，能大概推测出另一半的图案。*

你能找到这幅作品中的对称平衡吗？你还能发现哪些不对称的元素呢？

你能找到这幅作品中的对称平衡吗？

对称平衡常常给人一种古典、庄重、优雅的感觉。

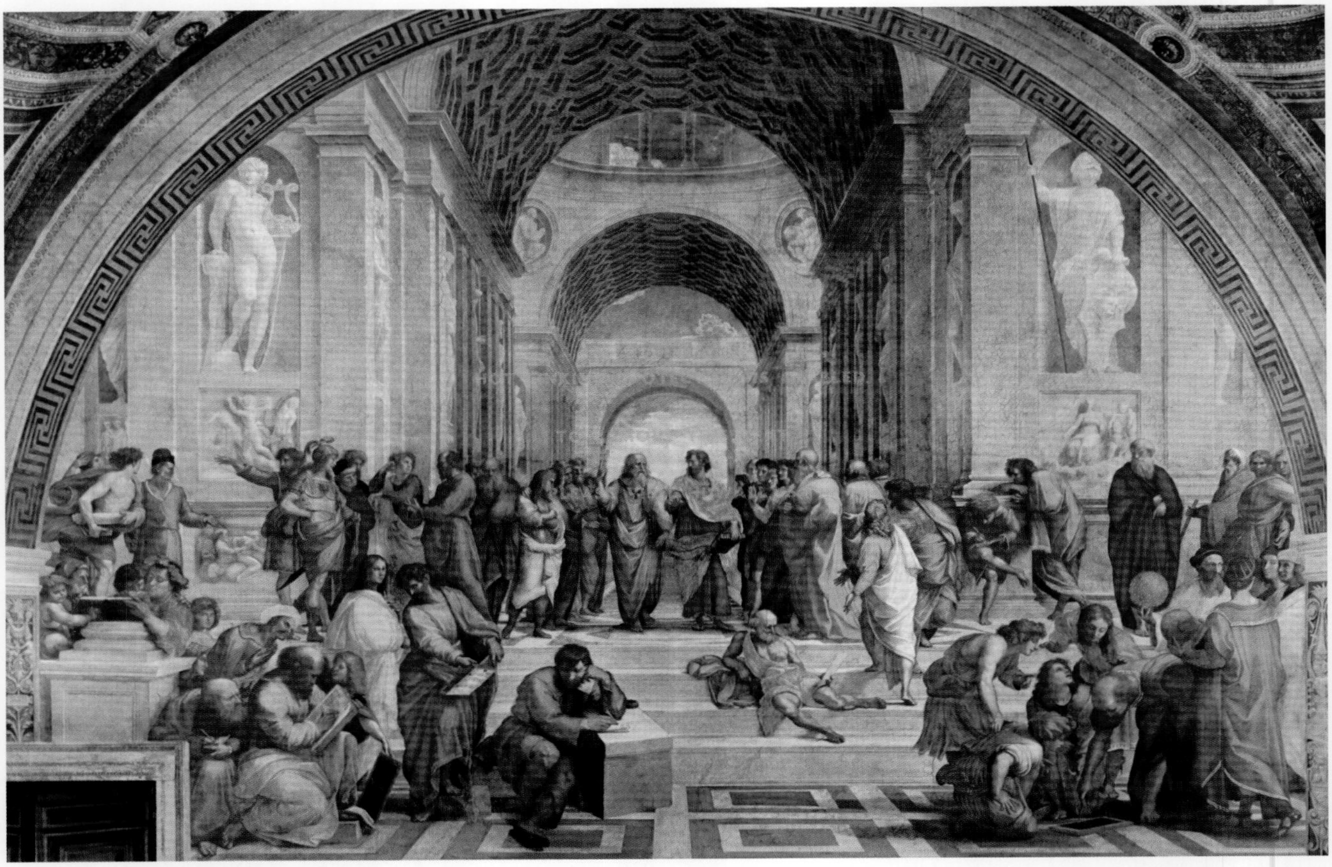

▲ 作品名称：《雅典学院》

作　　者：拉斐尔·桑西

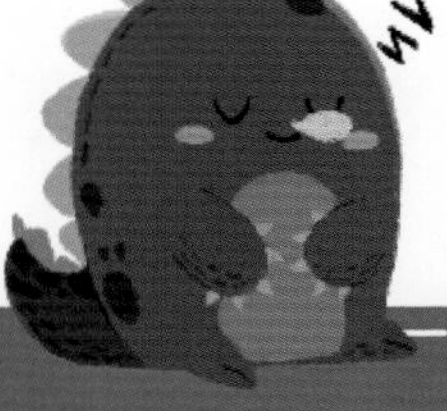

看图指引：《雅典学院》是一幅文艺复兴时期的经典名画。画面正中心穿着红色长袍的是古希腊伟大的哲学家柏拉图，旁边身披蓝色袍子的是柏拉图的学生亚里士多德。

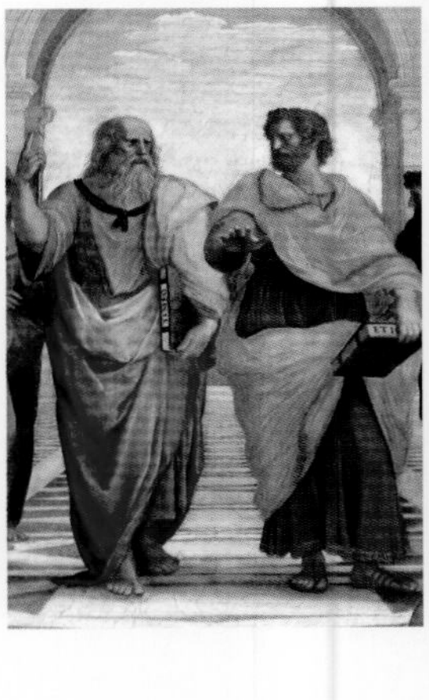

动动小手

小艺术家工作坊

计划

设想一个能体现对称平衡的事物，把它画出来。

动手

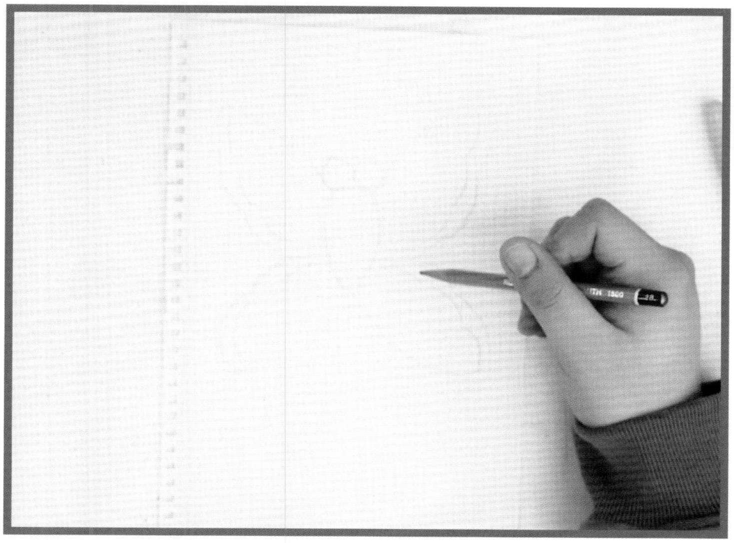

1. 在一张网格纸的中间画一条线作为中线，再进行初步构图。数一数每种形状所占格子的数量，确保作品中有对称平衡。

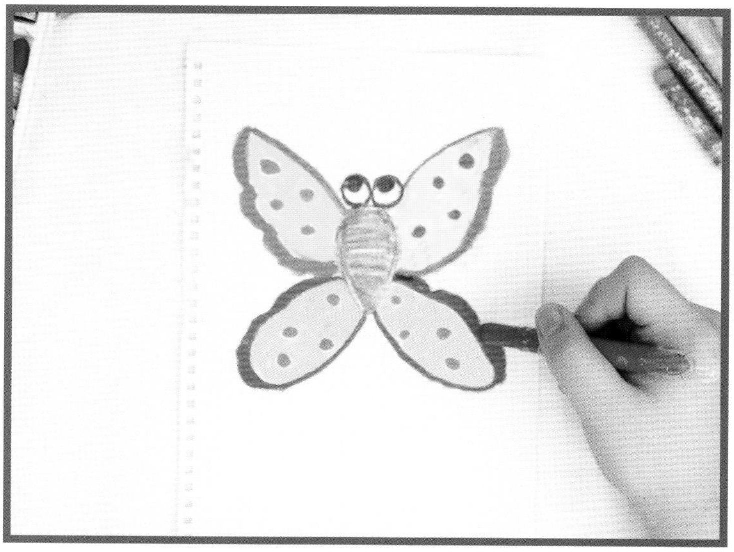

2. 在中线两边画出一样的形状，涂上相同的颜色。

思考

描述一下你的作品是如何体现对称平衡的。

第二十一课　不对称平衡

概念词汇

不对称平衡

在奇妙的艺术世界里，对称并不是创造平衡唯一的方式。

当画面两侧不对称的时候，艺术作品仍然可以让你感受到视觉上的平衡。

*艺术家可以用线条、形状、色彩、明暗等，来创造***不对称平衡***。*

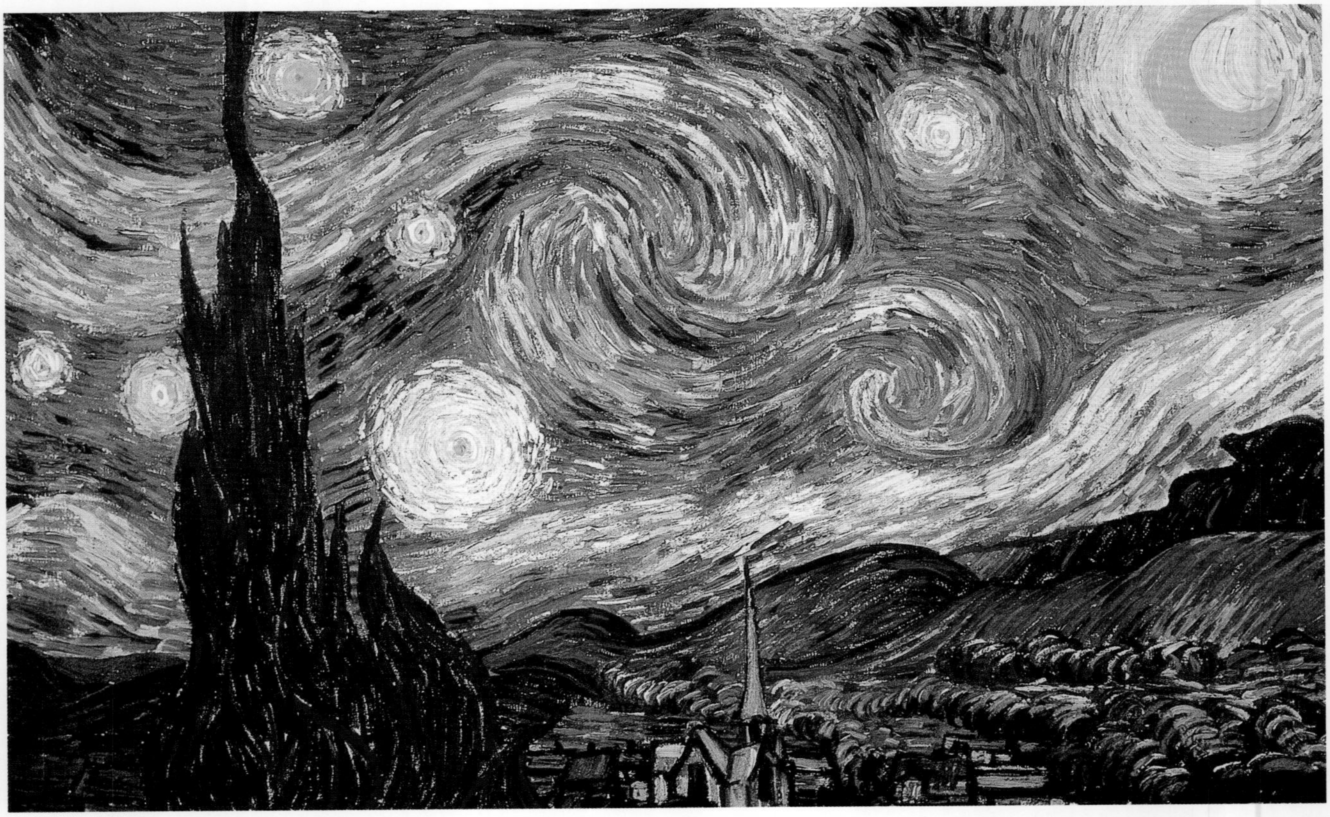

▲　作品名称：《星月夜》
作　　者：凡·高

欣赏凡·高的这幅画。请注意，月亮并不在画的中间。左边深色的大树与右边明亮的月亮使画面保持了平衡。如果凡·高把月亮和大树都放在画面的右边，还能使画面保持不对称平衡吗？你还在画面中找到了哪些形状？

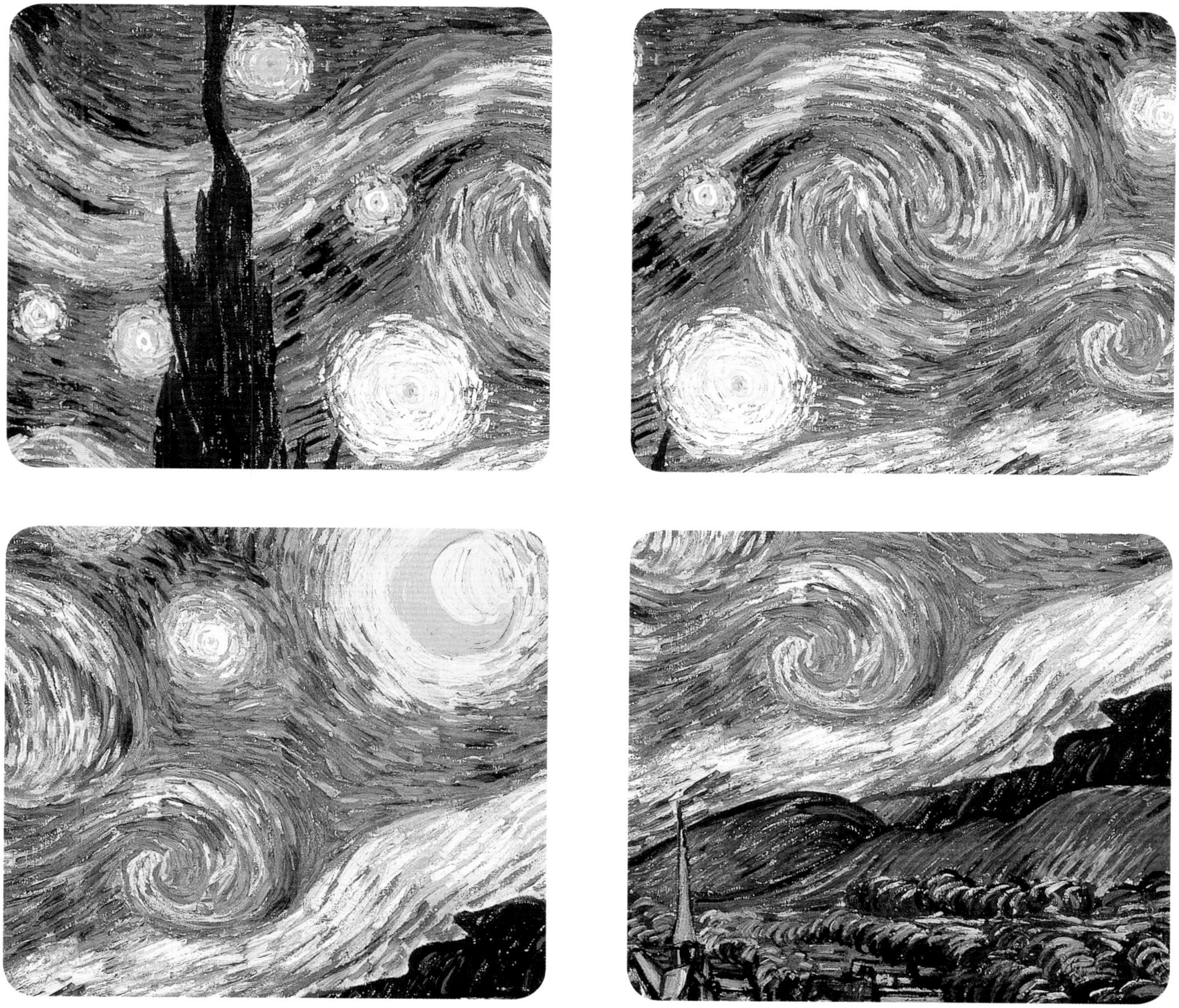

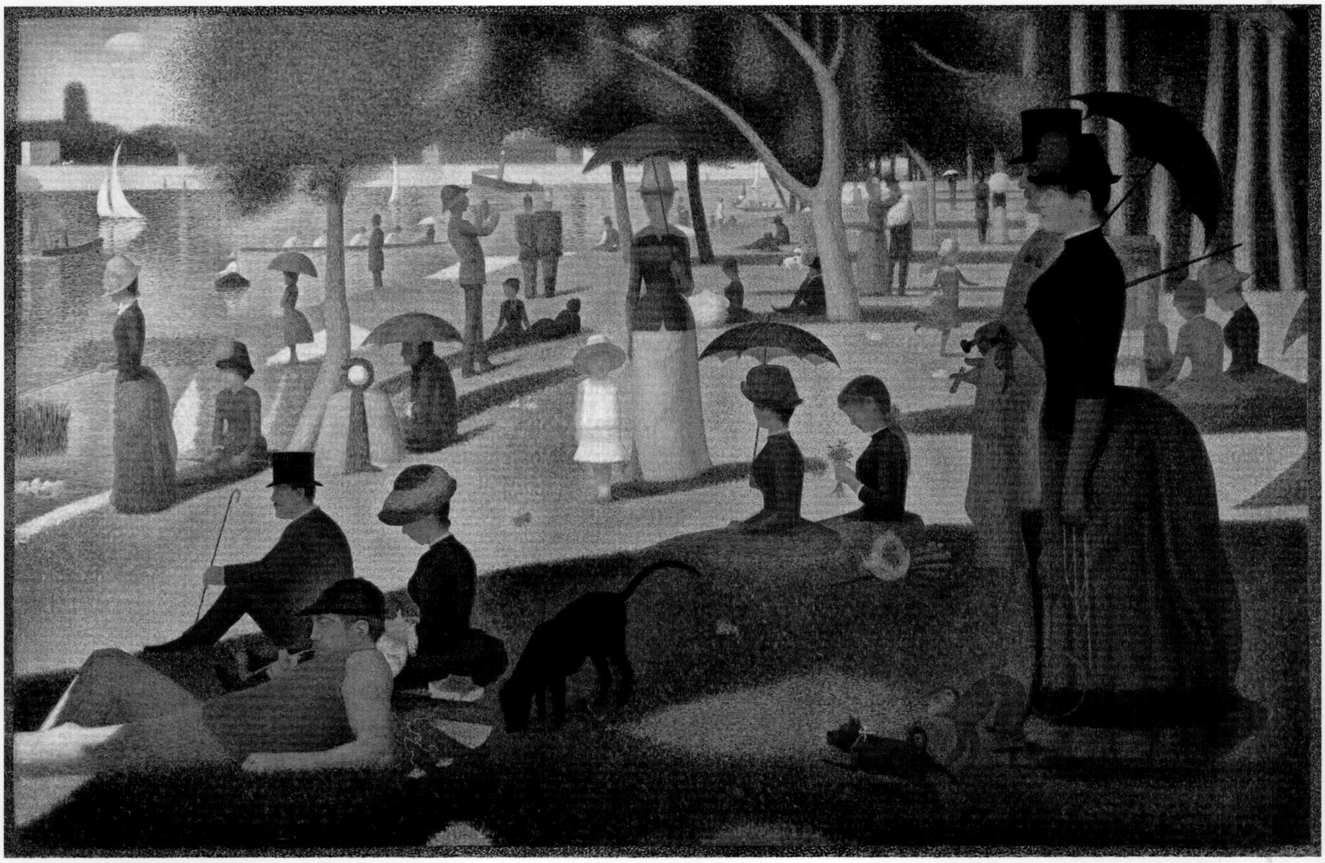

▲ 作品名称：《大碗岛的星期天》
作　　者：乔治·修拉

近处前景中的人物，衣服颜色是更亮还是更暗呢？远处背景中的人物呢？

再看看人物的数量——是近处的人多，还是远处的人多呢？

你感受到艺术家精心营造的不对称平衡了吗？

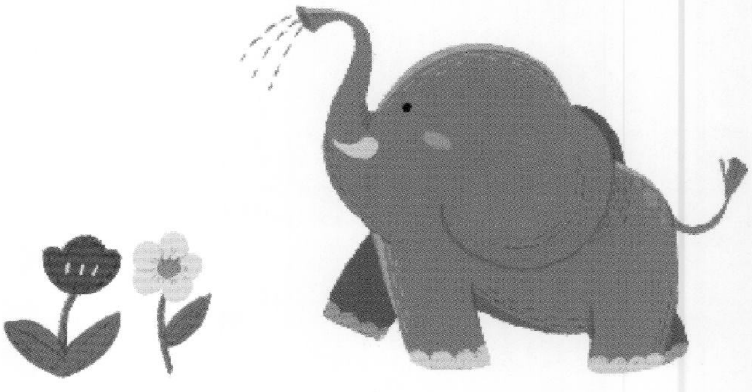

动动小手

小艺术家工作坊

计划

画一幅人物肖像画，同时体现对称平衡和不对称平衡。

动手

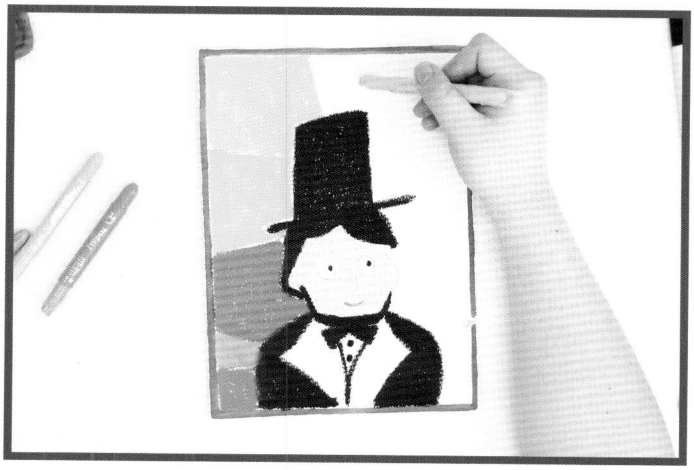

1. 先画出前景中的人物，注意体现对称平衡。

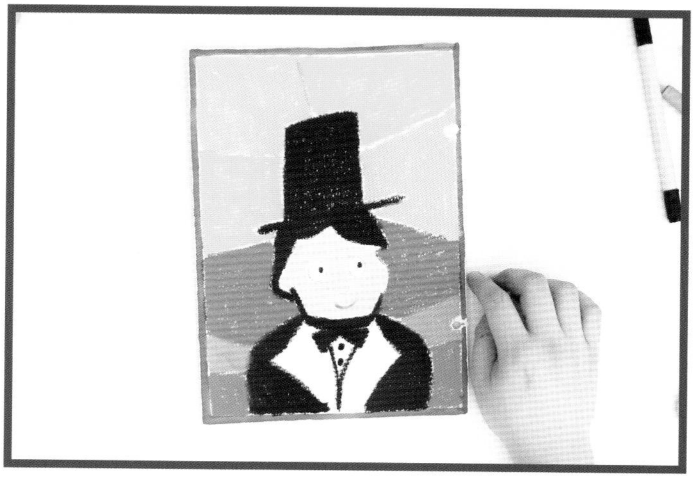

2. 用不同的颜色刻画背景，看看能否创造出不对称平衡。

思考

你的作品是如何表现对称平衡与不对称平衡的？

第二十二课　放射状平衡

概念词汇　**放射状平衡**

以下作品描绘了什么？

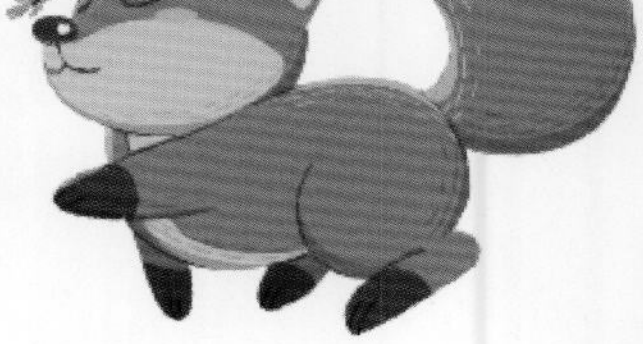

当画面中的各个部分像太阳光一样，从一个中心点向外辐射时，就产生了**放射状平衡**。

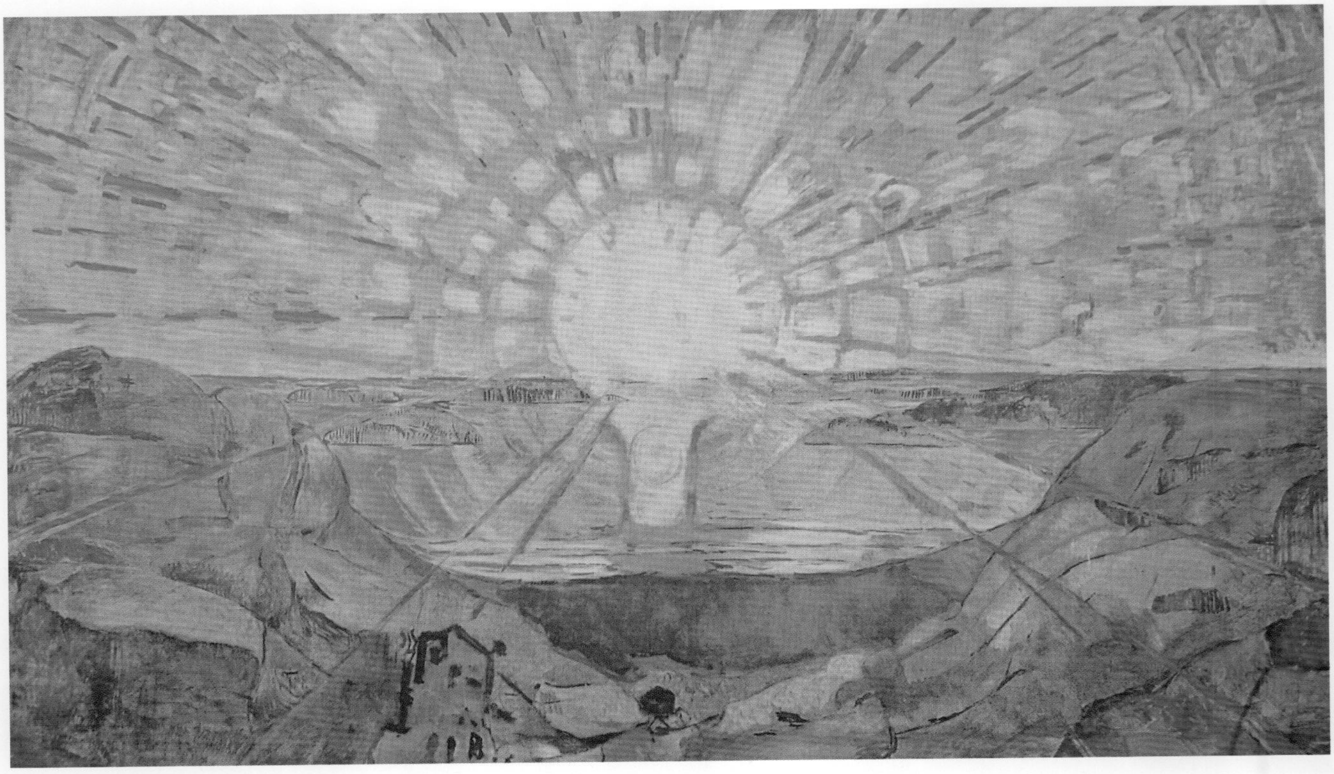

▲ 作品名称：《太阳》
作　者：爱德华·蒙克

艺术中的**放射状平衡**，能将我们的视线快速吸引到视觉中心。

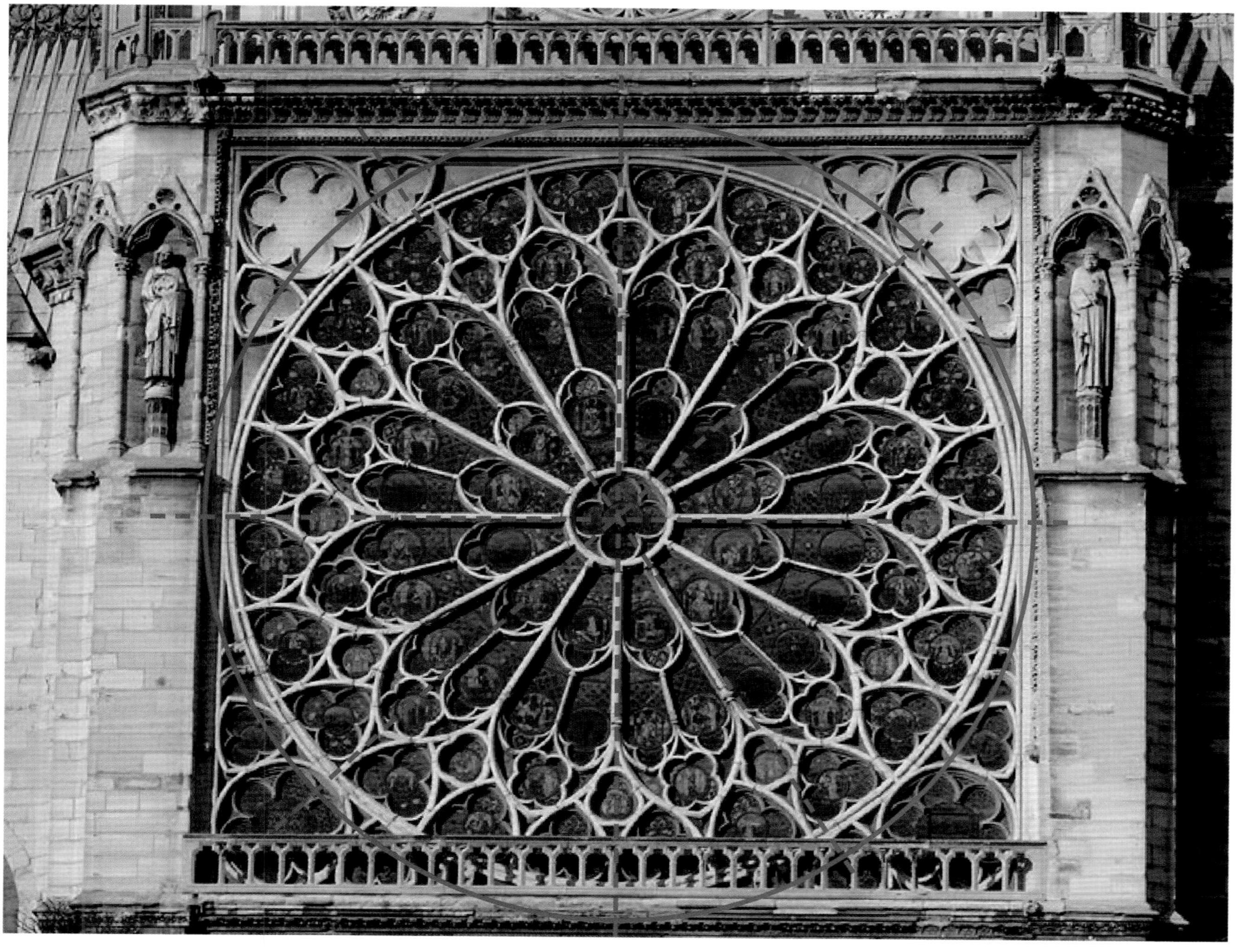

▲ 法国巴黎圣母院的玫瑰窗

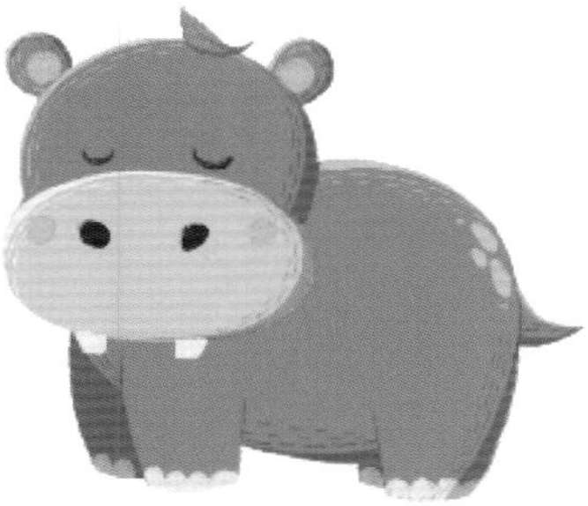

看图指引：在欣赏这幅作品时，你的目光落在哪里呢？

你认为这幅图的视觉中心在哪里呢？

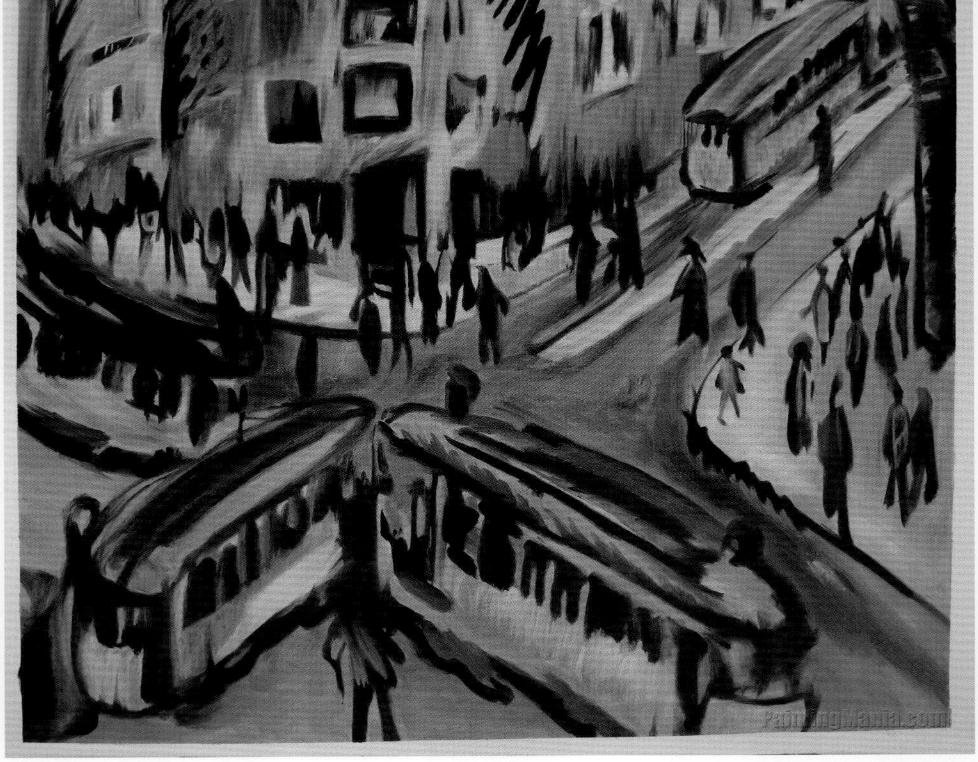

▲　作品名称：《诺论多尔夫广场》

作　　者：恩斯特·路德维希·凯尔希纳

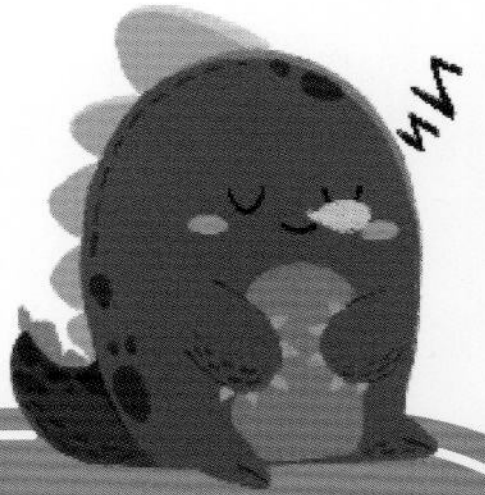

看图指引：这幅作品的视角像不像一个鱼眼镜头呢？观者的视线被吸引到了四岔路口，四岔路口就是视觉中心。

动动小手

小艺术家工作坊

计划

制作具有放射状平衡的印花。

动手

用彩纸剪出一朵具有放射状平衡的六瓣小花，把小花放在另一张深色的彩纸上。把它们放在太阳下晒 3～4 个小时，揭下小花，看看深色的彩纸上留下了什么图案。

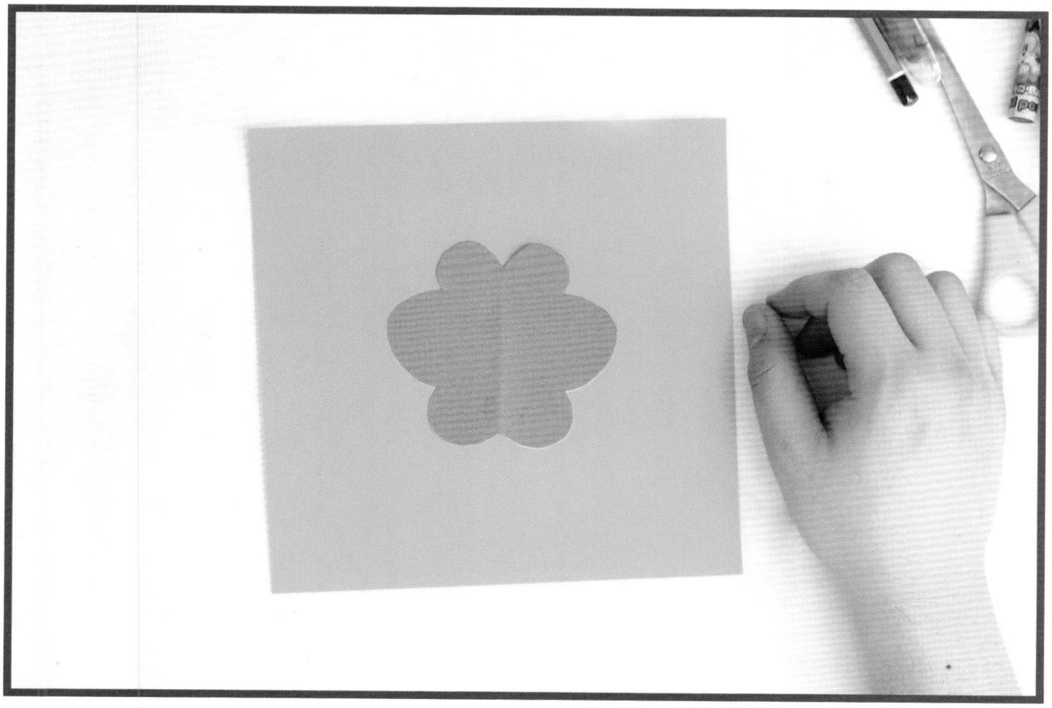

思考

彩纸上留下的图案表现了哪种平衡呢？

第二十三课 小艺术家看世界

艺海博览

弗里达·卡罗的肖像画

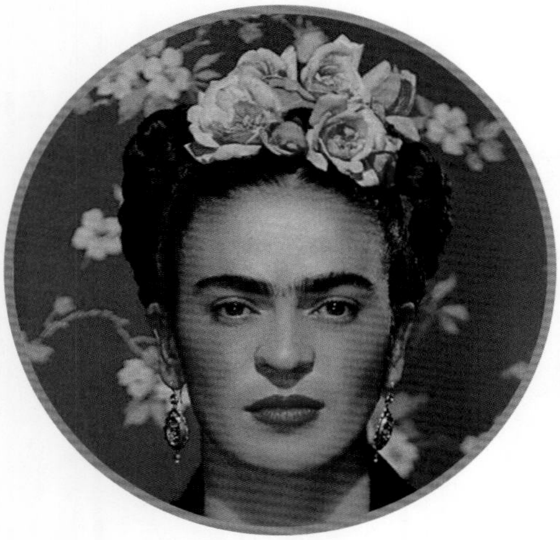

弗里达·卡罗是一位墨西哥画家，以她的自画像闻名。十几岁时，弗里达·卡罗在墨西哥遭遇了一场意外。后来，她躺在床上养伤时自学了绘画。她对着镜子，画了许多自己的肖像，以此表达自己的思想和感情。

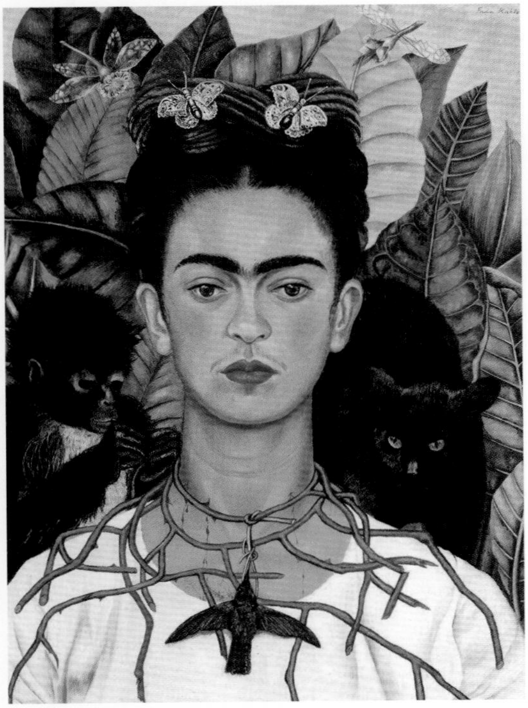

▲ 作品名称：《有荆棘项链和蜂鸟的自画像》

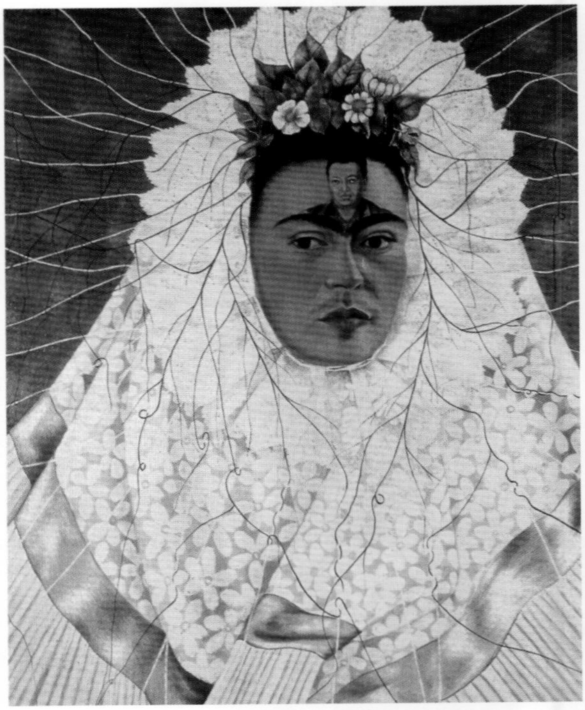

▲ 作品名称：《穿着墨西哥传统服装的自画像》

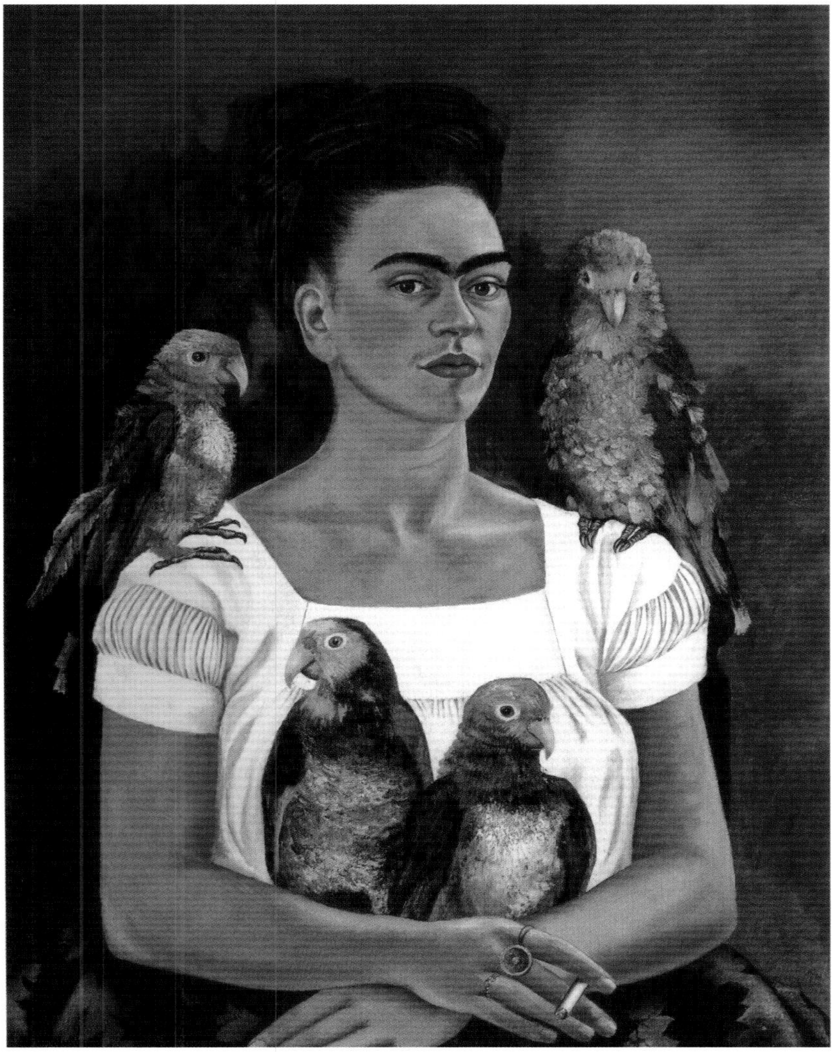

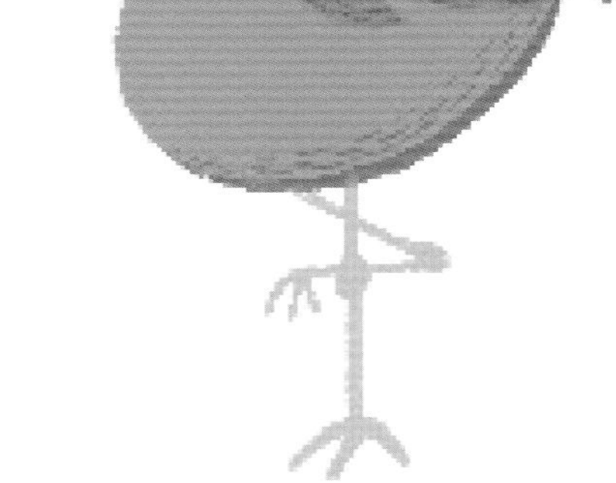

◄ 作品名称：《我和我的鹦鹉》

弗里达·卡罗喜欢在她的艺术作品中加入墨西哥的花卉和动物。找找她在上面这些自画像中运用了哪些元素，创造了画面中平衡的感觉。

艺评之角

关于艺术的思考

如果让你给自己画自画像，你会如何表现平衡的感觉？

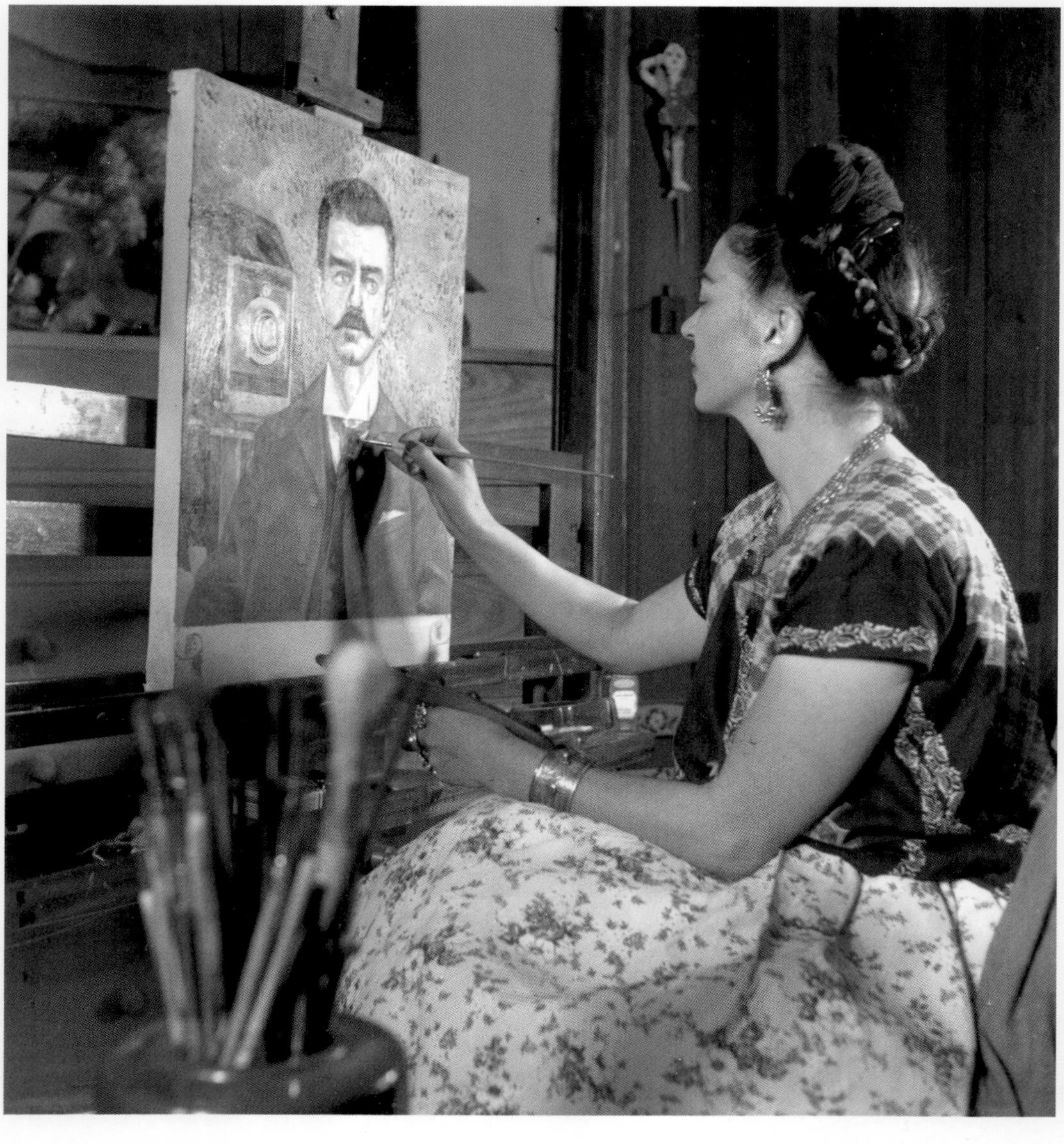

▲ 弗里达·卡罗

第二十四课　艺术与生活

艺海博览　摄影中的平衡

有人说，摄影就是用光来作画，摄影师是通过相机拍照的艺术家。

在《月亮和半圆山》这幅作品中，光是从哪一侧照过来的？

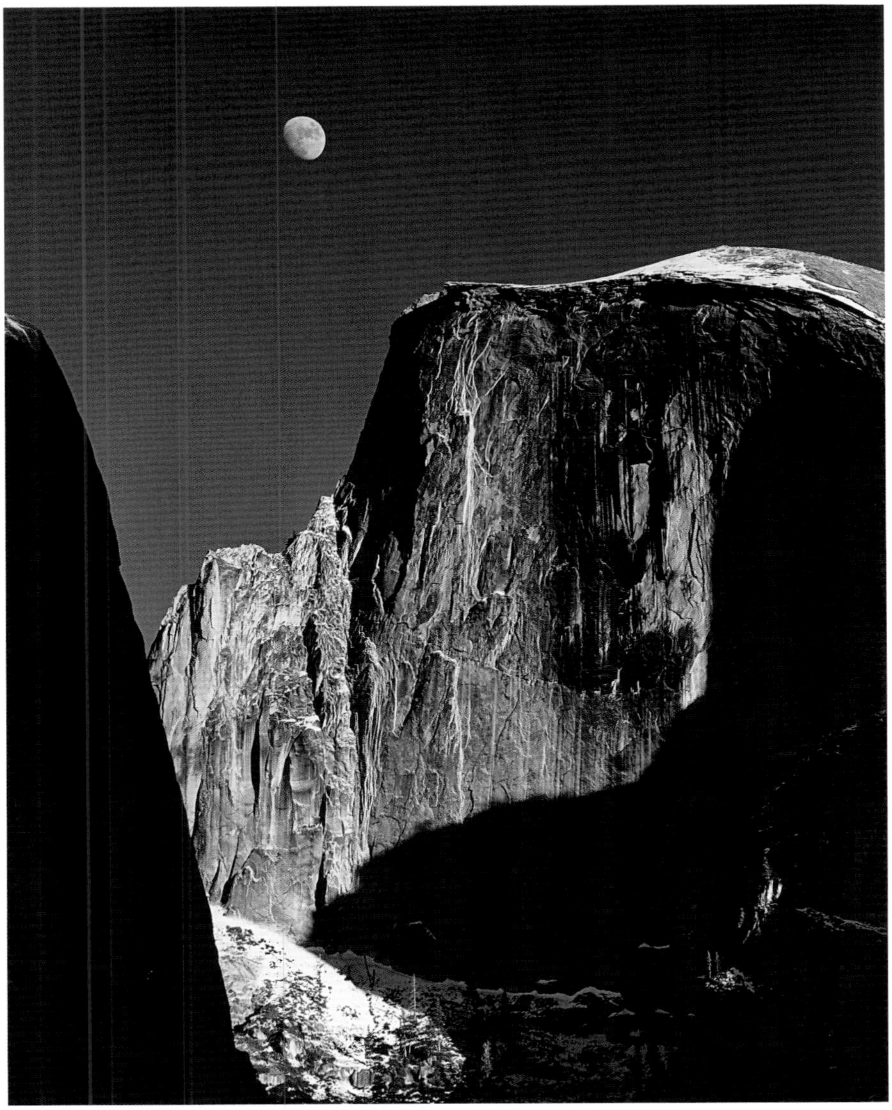

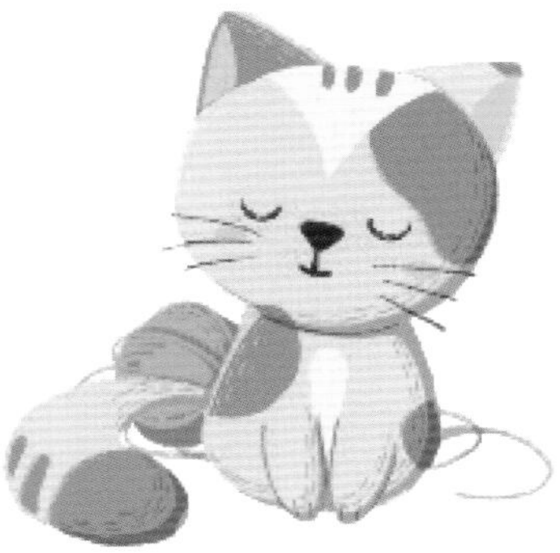

◄ 作品名称：《月亮和半圆山》
作　　者：安塞尔·亚当斯

艺评之角

关于艺术的思考

摄影师是如何通过明暗来创造平衡的？

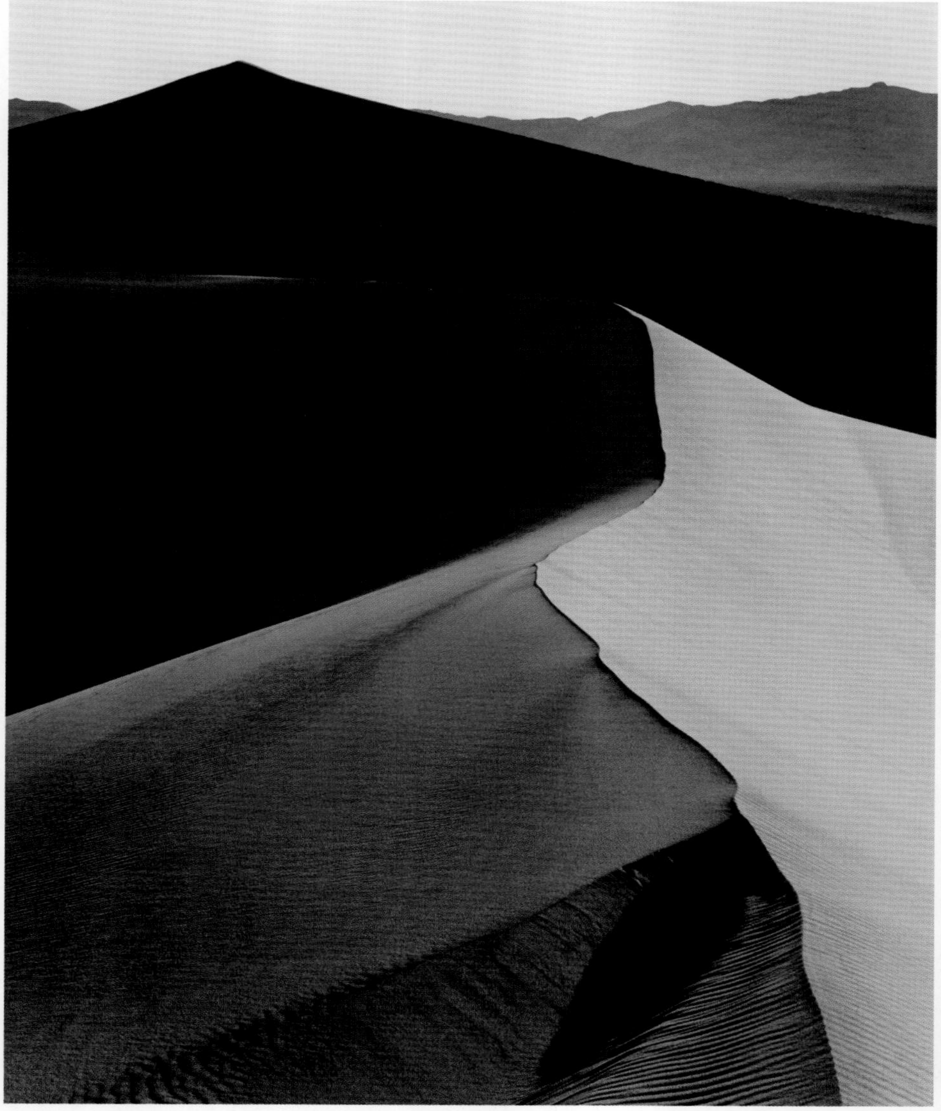

▲ 作品名称：《沙丘和日出》

作　　者：安塞尔·亚当斯

第二十五课 单元小测试

头脑风暴 概念词汇知多少

分别为以下概念选择最匹配的图片。

1. 对称平衡

2. 不对称平衡

3. 放射状平衡

A.

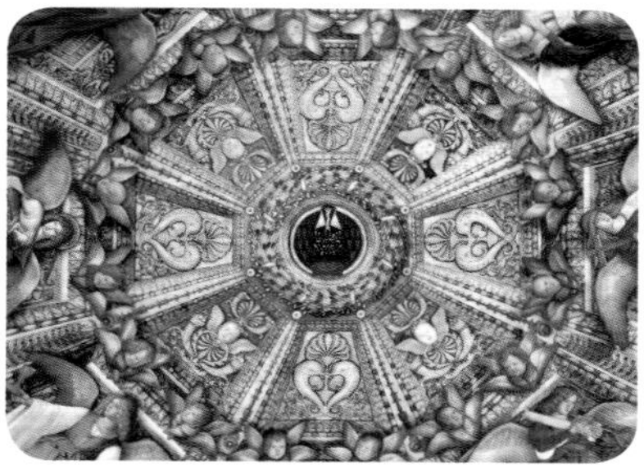

B.

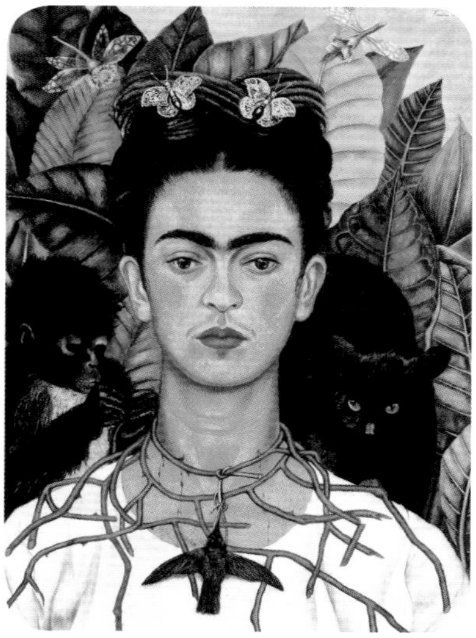

C.

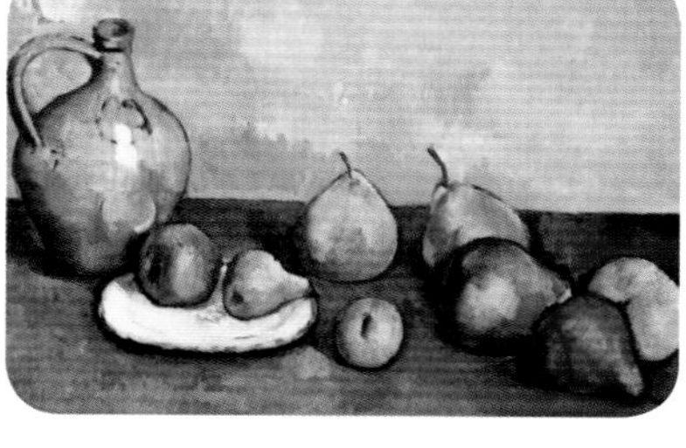

在以下作品中，你分别看到了哪些形式的平衡？

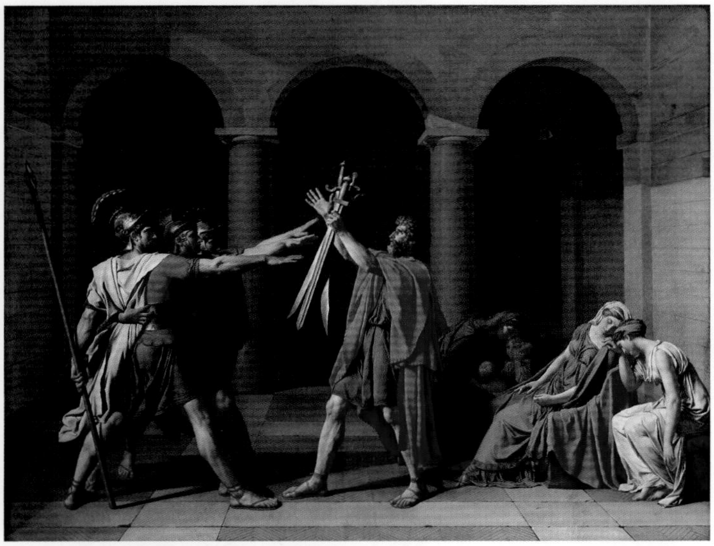

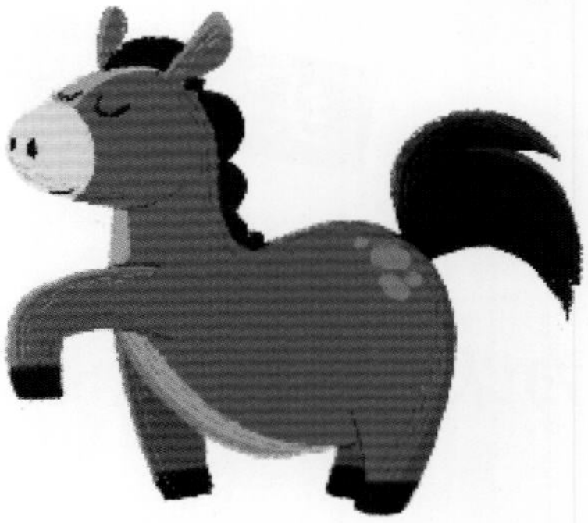

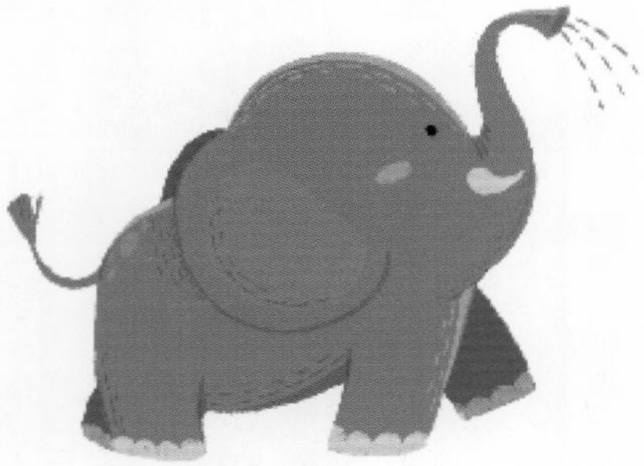

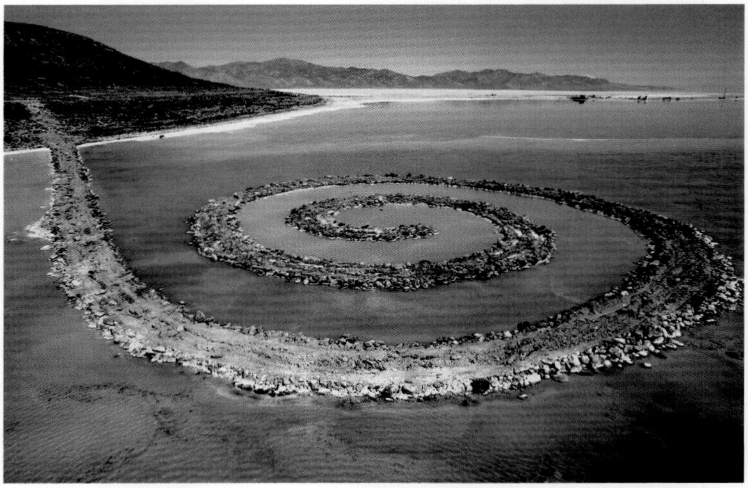

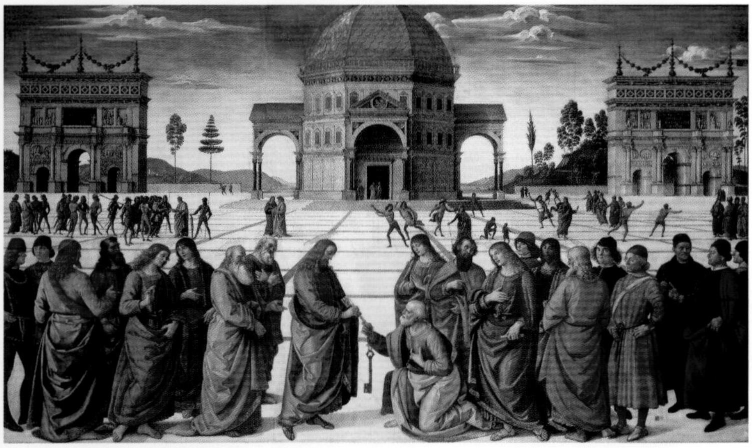

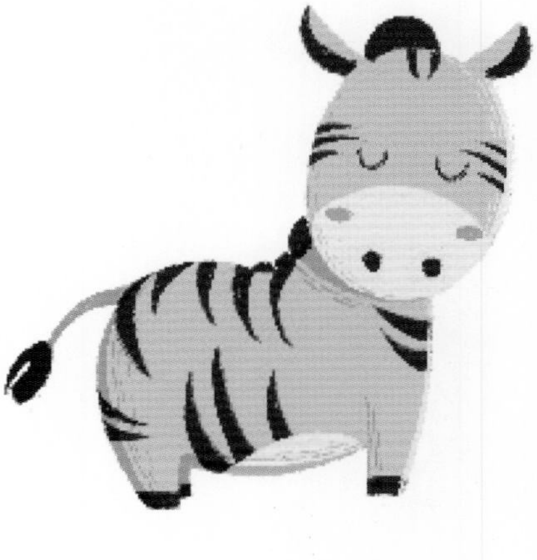

头脑风暴

欣赏技巧知多少

1. 得出结论

翻到第 5 页。用你看到的和你知道的信息来分析这个作品，完成以下图表。

我看到的		我知道的		我认为的
	+		→	

2. 对艺术作品进行描述

从这个单元中选择一件艺术作品，为它写一段话，在这段话里你要得出一些关于这件艺术作品的结论。你可以用以上图表来帮助自己写作。

第五单元

符号与抽象艺术

具象与抽象

单元重点词汇

· 符号 · 抽象

· 夸张 · 变形

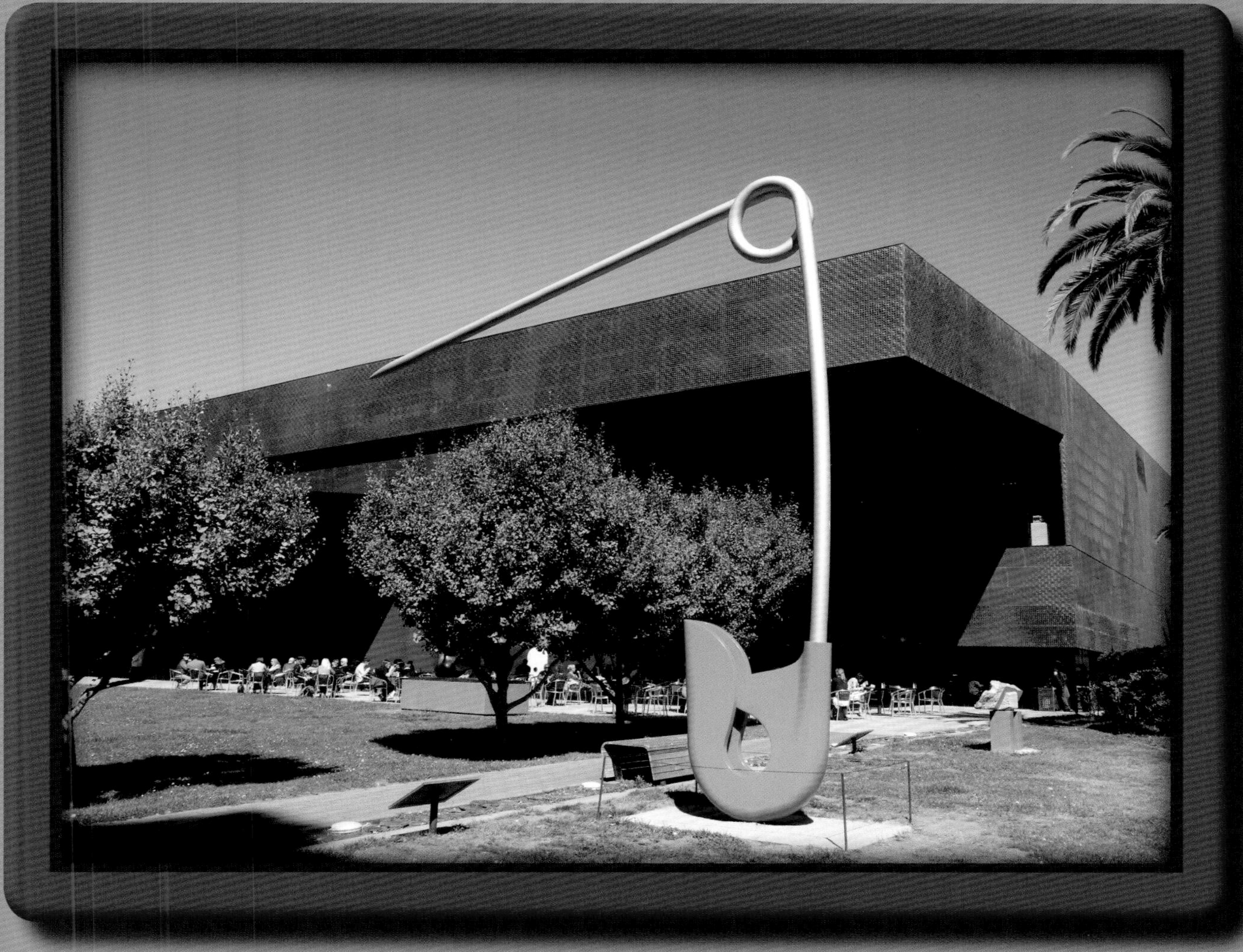

▲ 作品名称：《蓝色回形针》
作　　者：克拉斯·奥登伯格

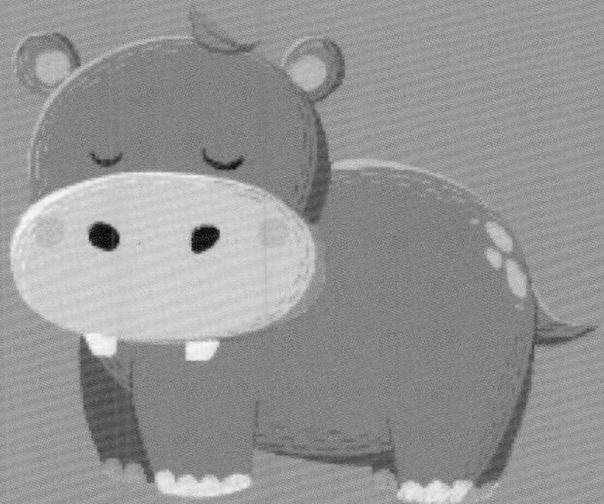

欣赏技巧

总结主要思想

主要思想会告诉你一件作品是什么主题的，而一件作品的细节可以帮助表达主要思想。

下面这幅画的主要思想是一列叫作奥莱 97 的列车突然脱轨。你可以通过观察画中的细节来总结其主要思想。

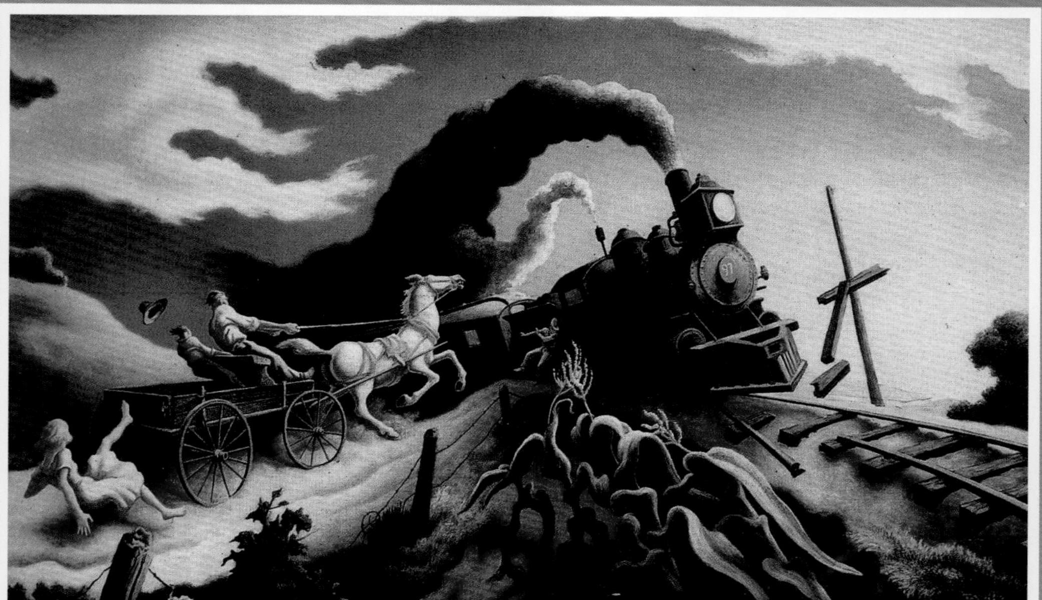

▲ 作品名称：《奥莱 97 列车的脱轨》

作　　者：托马斯·哈特·本顿

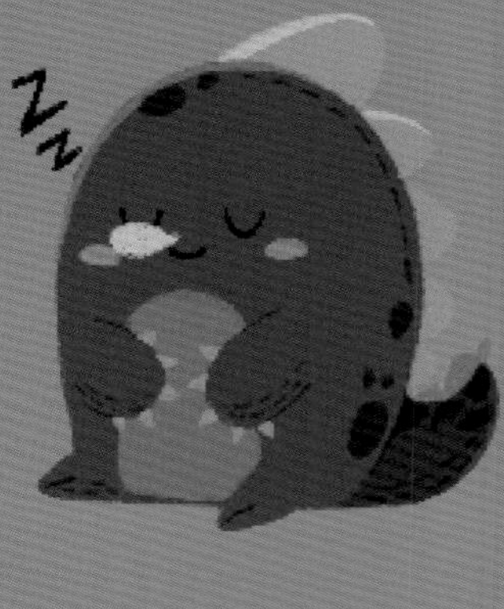

看图指引：

· 作品名称中的“脱轨”是什么意思？

· 为什么画中的人看起来很惊恐？

· 火车轨道看起来是怎样的？

第二十六课 艺术中的符号

概念词汇

符号

看看下图中的古埃及符号，你认为它们可能代表了什么？

*这些古埃及的象形文字是一种**符号**，**符号**常常用抽象的方式把具象的事物呈现出来。*

在古代，人们会用符号传递信息、承载思想。

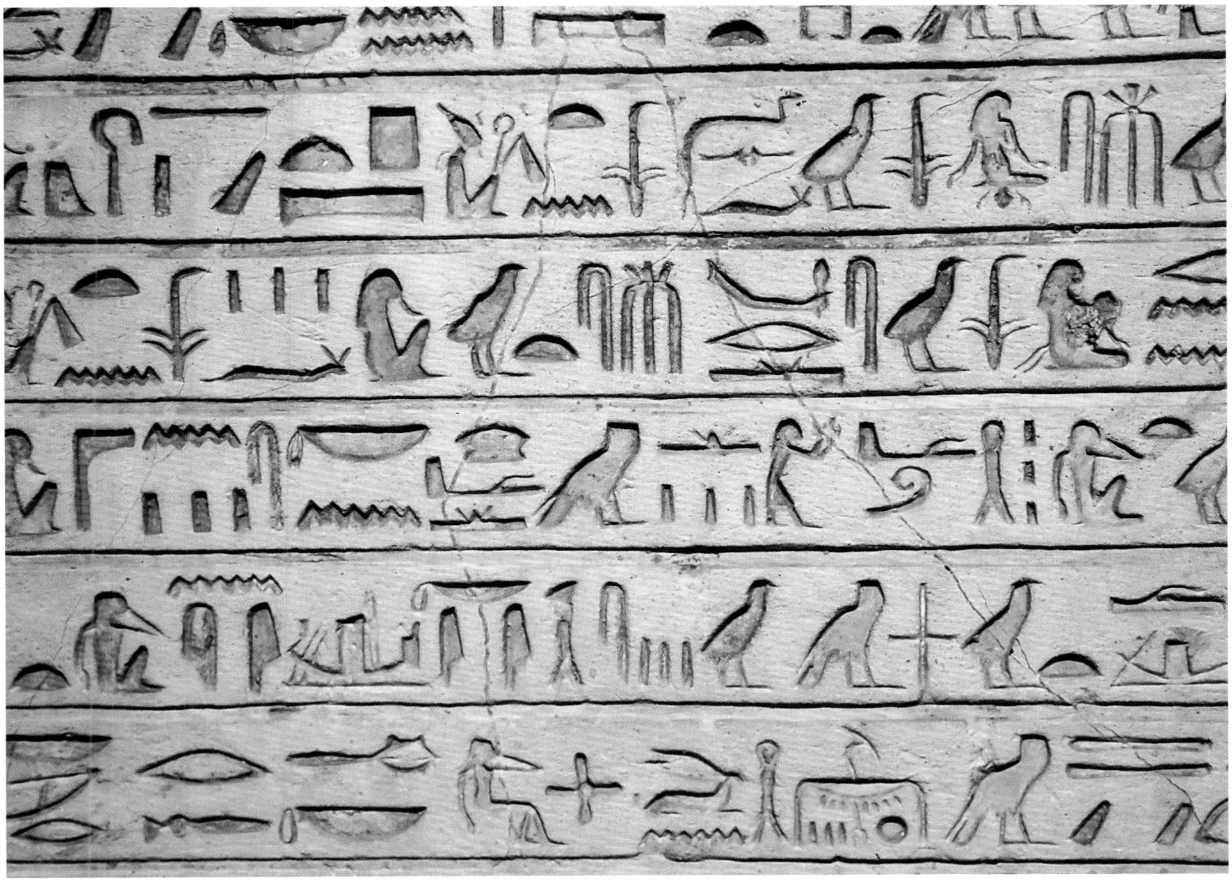

▲ 古埃及象形文字

你找到这两幅画中的符号了吗？

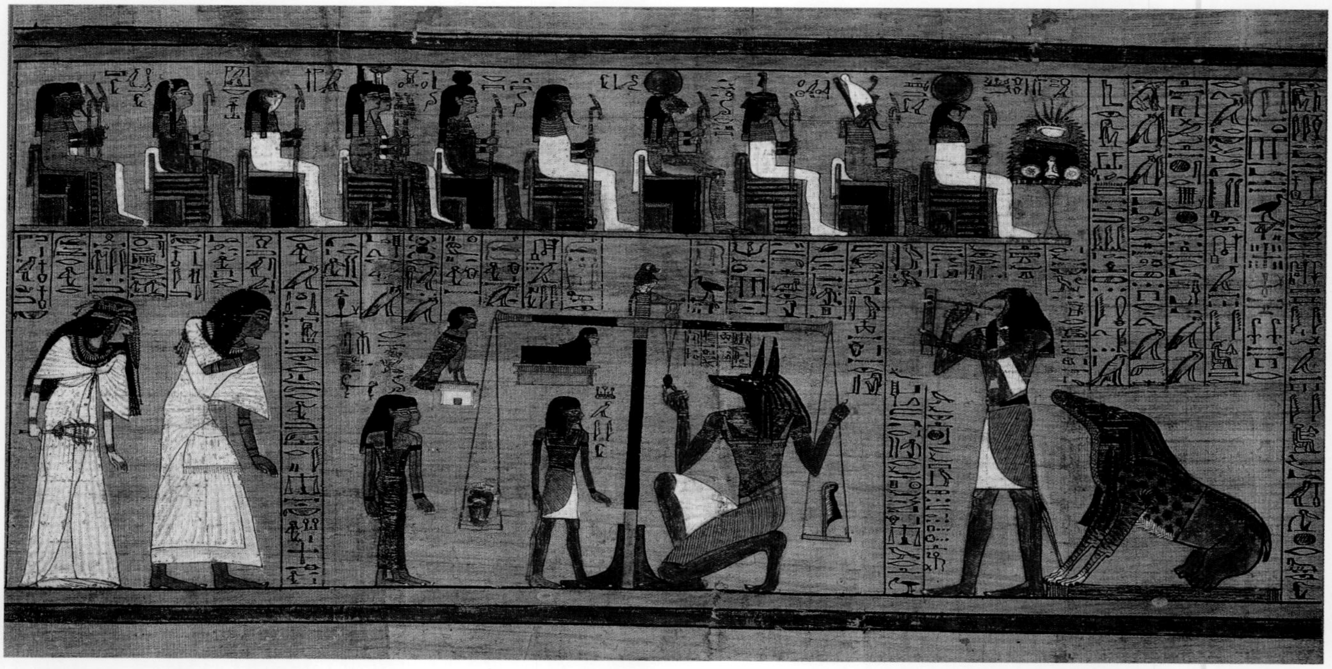

▲ 古埃及《死亡之书》1

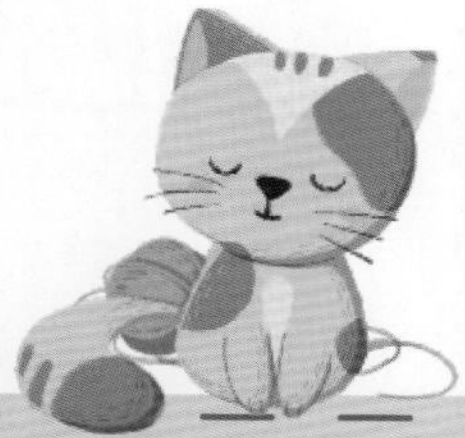

看图指引：这两幅画都来自古埃及的《死亡之书》（一种陪葬用品），它们的材质是莎草纸。

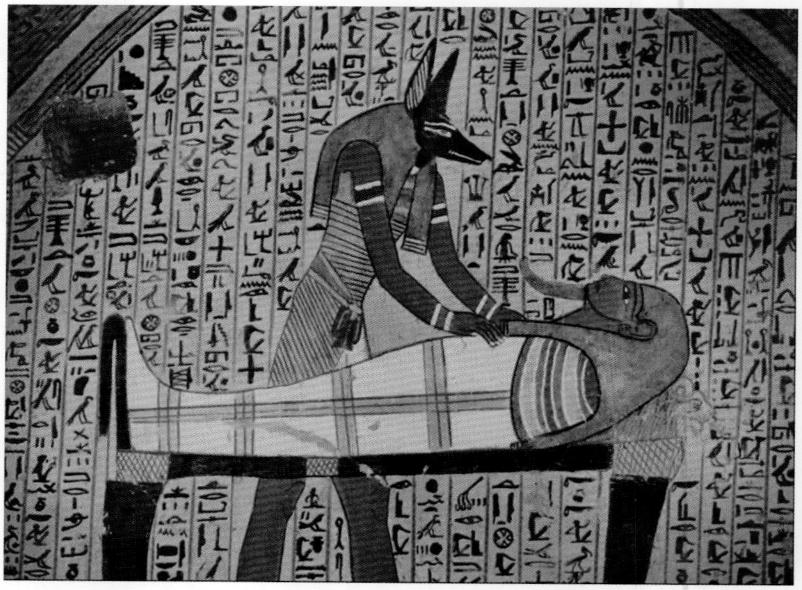

▲ 古埃及《死亡之书》2

后来的艺术家也会在他们的作品中使用符号。

你能发现下列作品中太阳的符号吗？

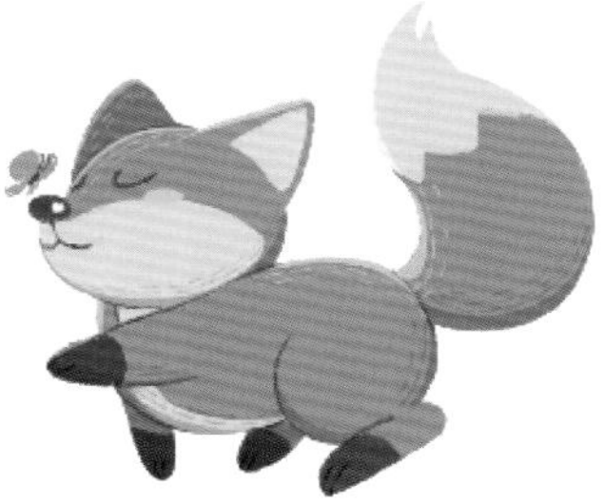

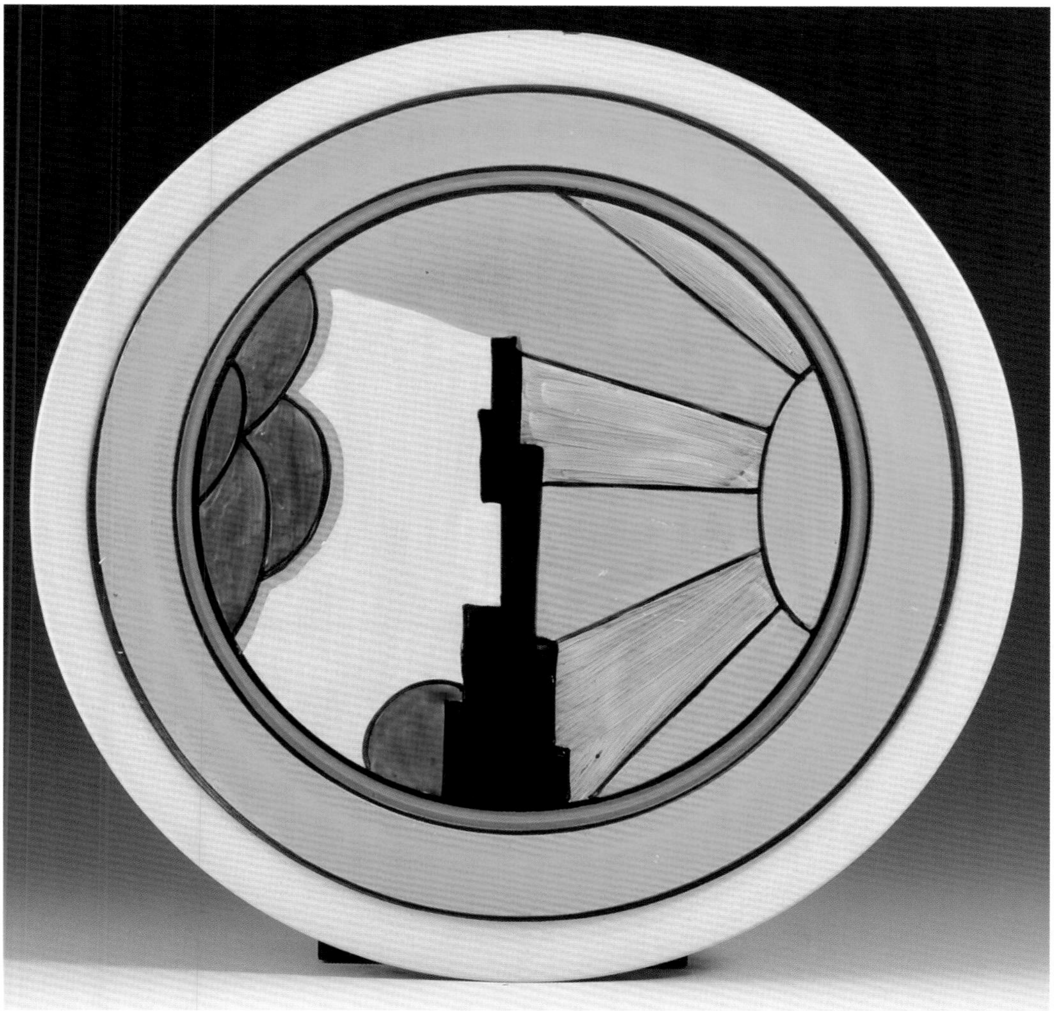

▲ 作品名称：《日光》
作　　者：克拉丽斯·克利夫

动动小手

小艺术家工作坊

计划

制作一个带有符号的黏土锅。

动手

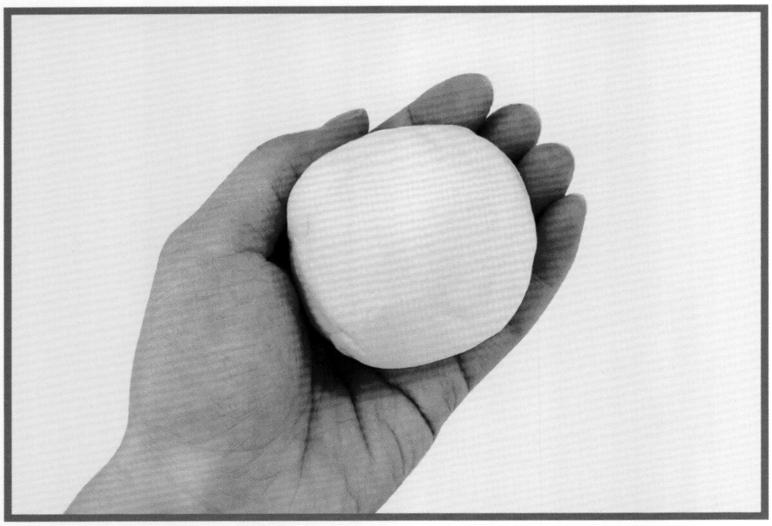

1. 捏一个图示大小的黏土球，用拇指在球上压出一个凹痕。用拇指从凹痕的中间向外压，捏出锅的形状。

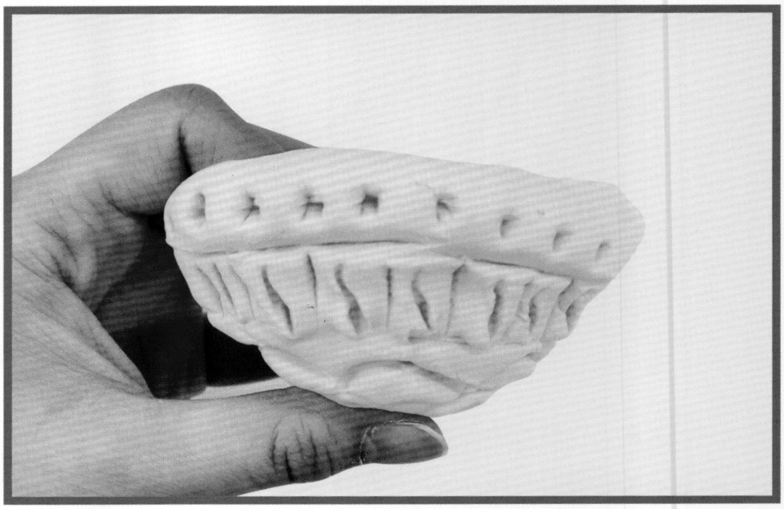

2. 在锅的表面雕刻符号，使用不同的线条来创造多样性。

思考

你捏的黏土锅上的符号代表什么？你是如何创造多样性的？

第二十七课　抽象艺术

概念词汇

抽　象

比较下面两幅肖像画，你认为它们有什么不同吗？

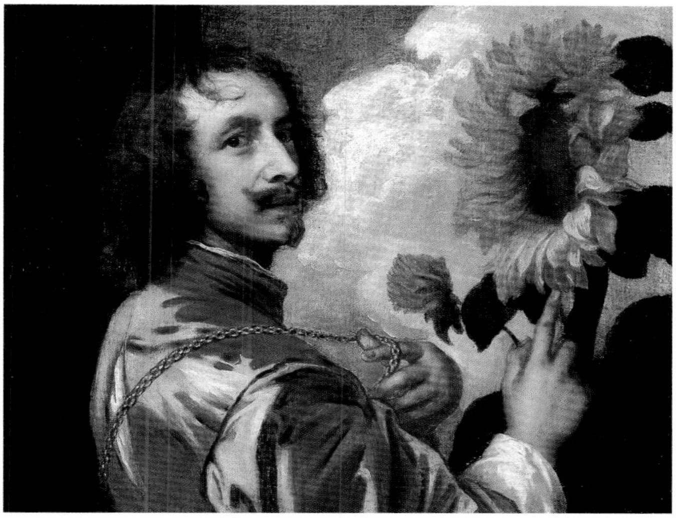

▲　作品名称：《手指向日葵的自画像》
　　作　　者：安东尼·凡·戴克

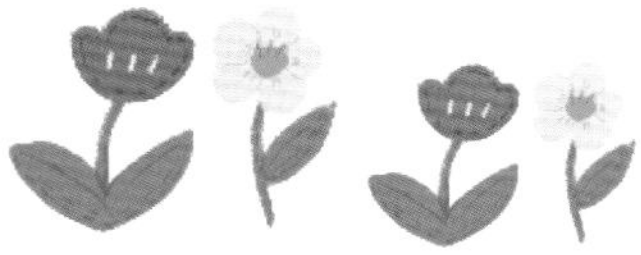

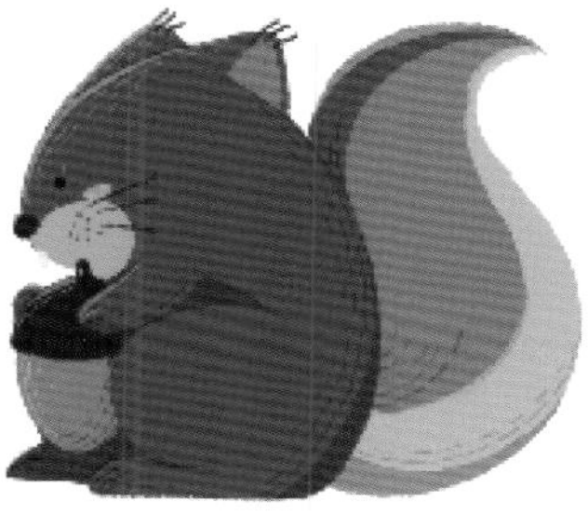

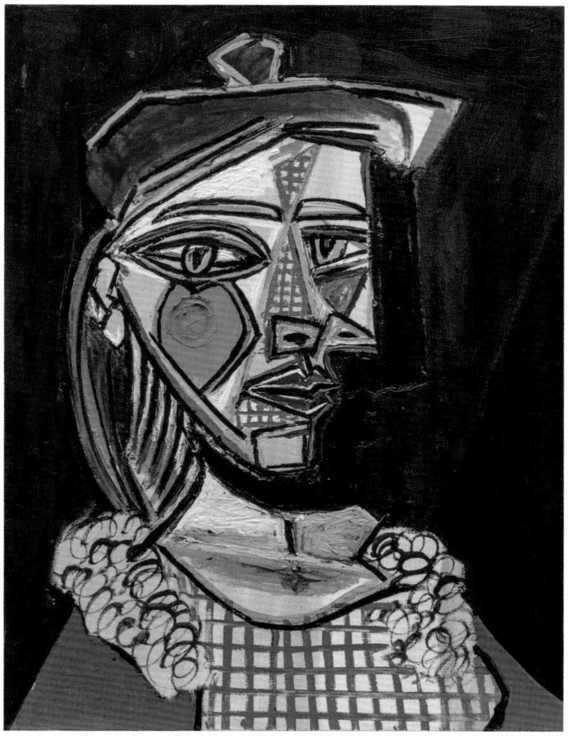

▲　作品名称：《戴贝雷帽、穿格子裙的女子》
　　作　　者：巴勃罗·毕加索

观察下面三幅作品，你认为它们有什么相似之处吗？

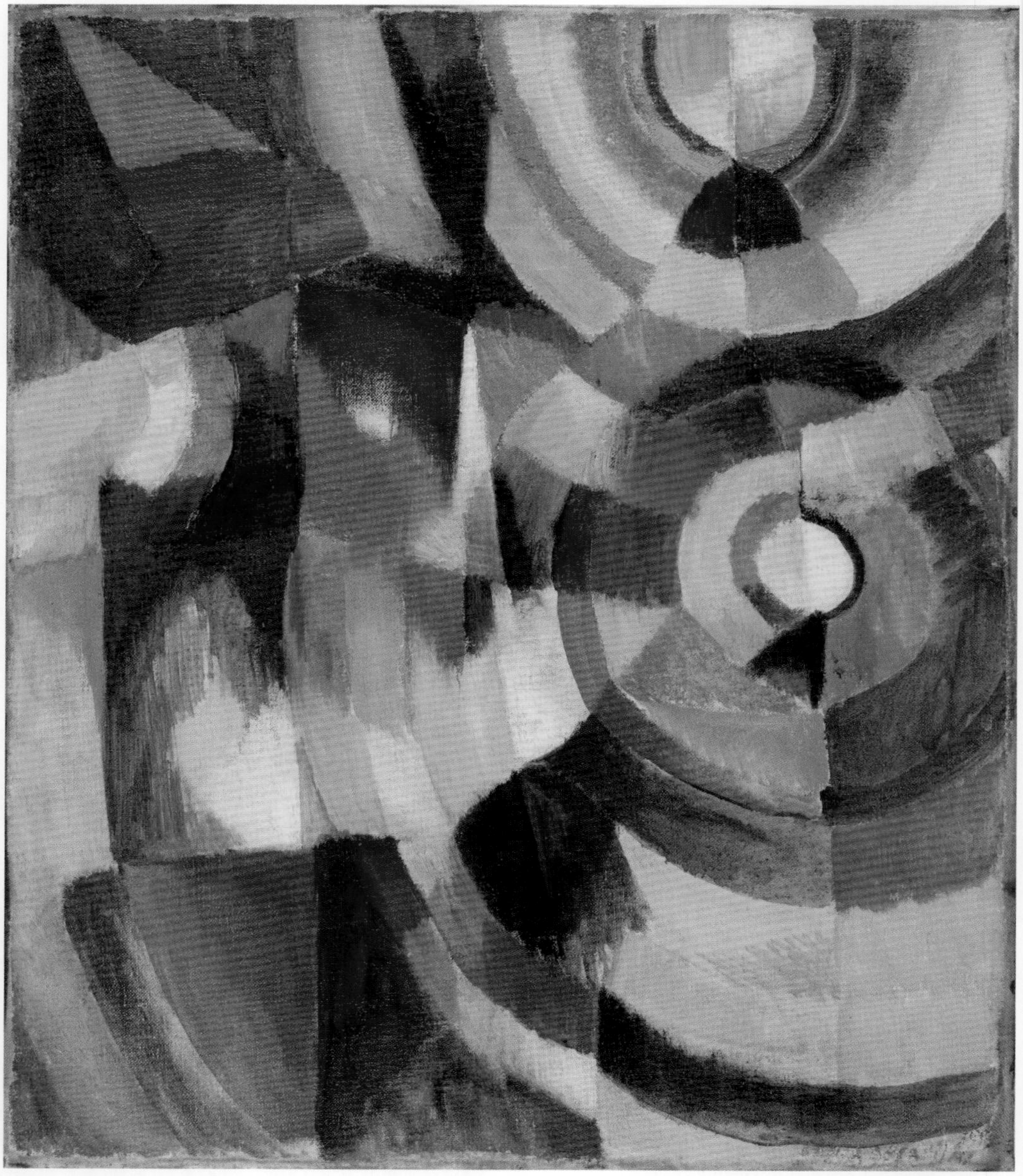

▲ 作品名称：《电棱镜》
作　　者：索尼娅·德劳内

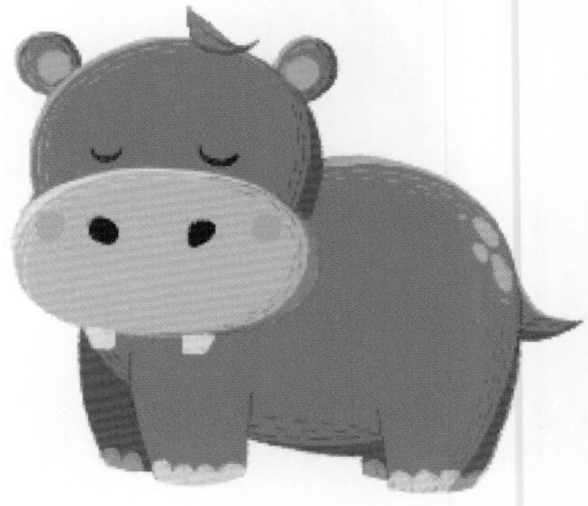

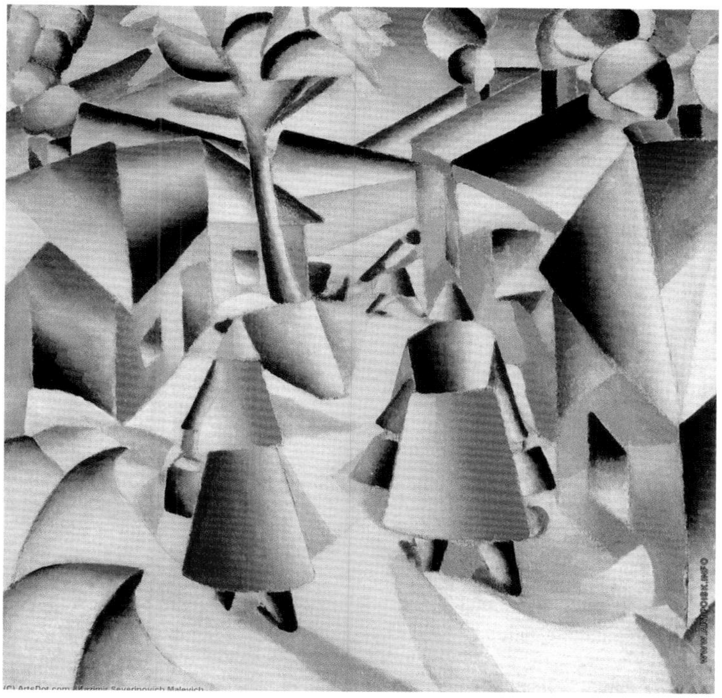

▲ 作品名称：《早晨暴风雪后的村庄》

作　　者：卡齐米尔·马列维奇

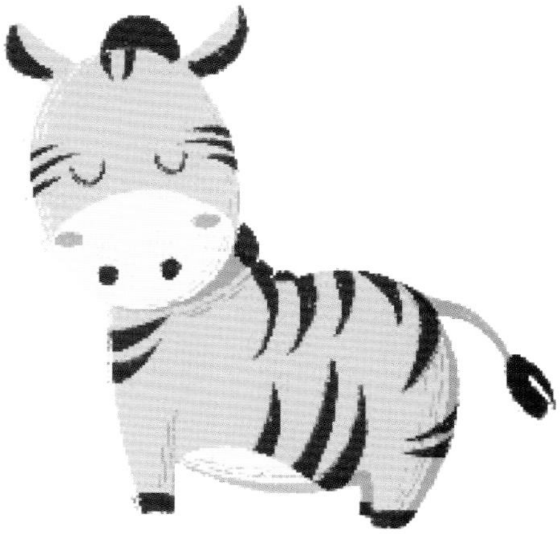

▼ 作品名称：《构图八号》

作　　者：瓦西里·康定斯基

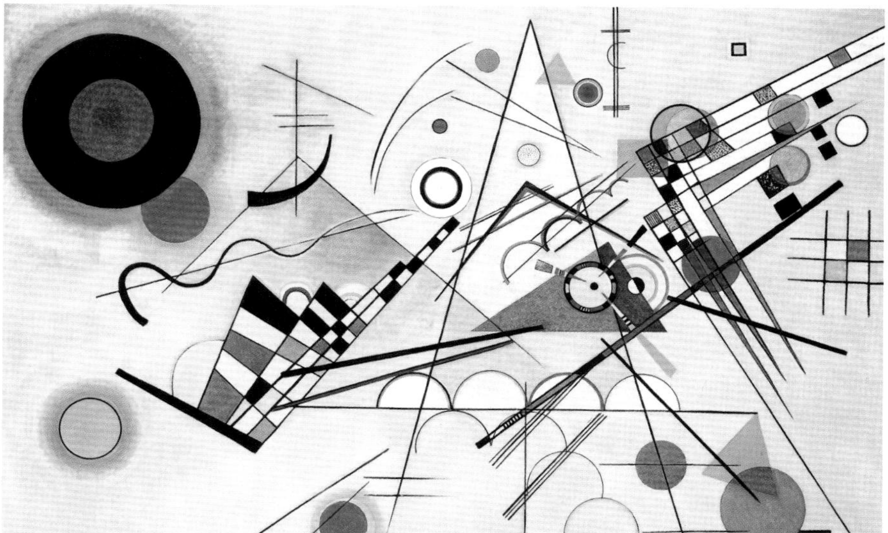

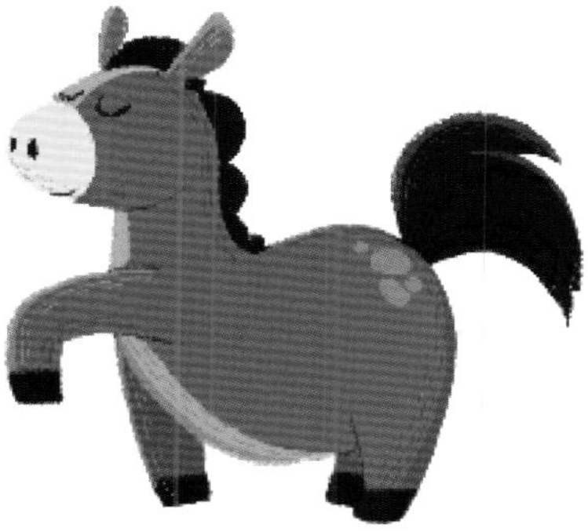

*这三幅艺术作品都是**抽象**的。*

*在**抽象**艺术中，事物可能看起来不太真实。*

动动小手

小艺术家工作坊

计划

用音乐来启发自己绘制抽象艺术的作品。

动手

听一段你喜欢的音乐，然后把这段音乐带给你的感受用画笔表现出来。

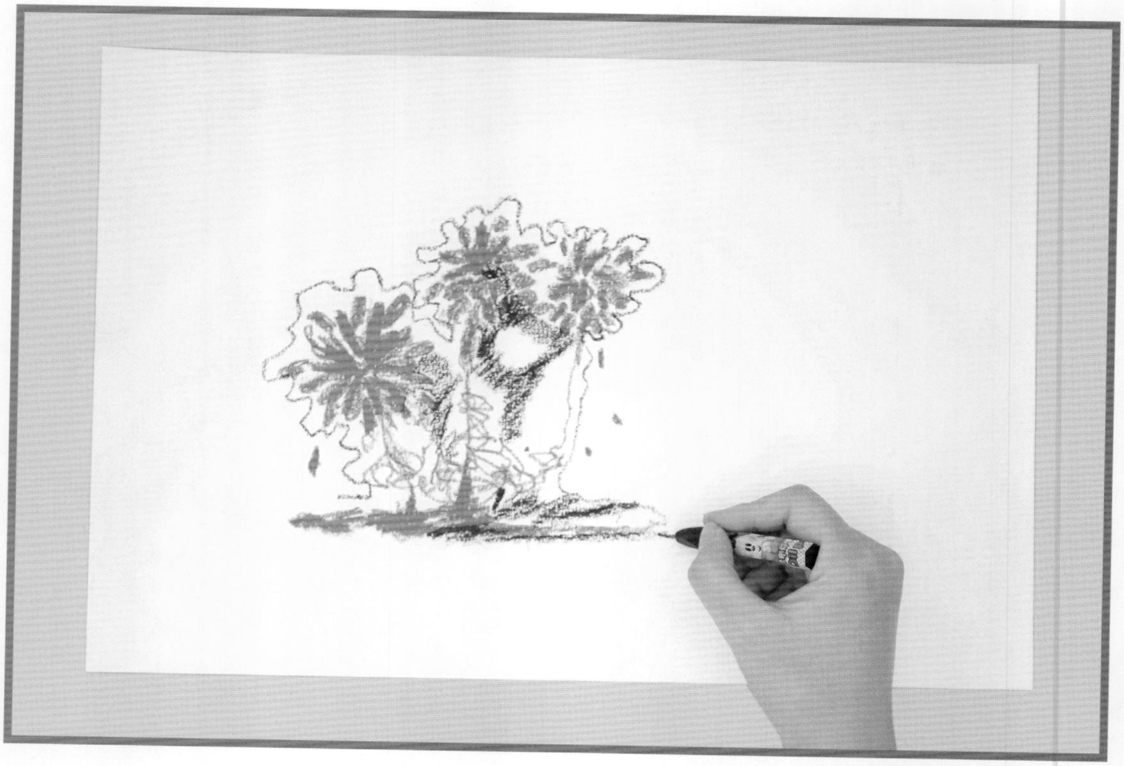

思考

你喜欢听哪种音乐？描述一下你所表现的画面。

第二十八课 夸张与变形

概念词汇

夸张、变形

下面这幅作品是抽象的还是具象的？作品中的人和事物看起来和现实生活中一样吗？

这幅作品带给你什么样的感受？是高兴的，还是恐惧的？

*艺术家有时会使用**夸张**的手法，让某些特征更加明显，以此来增强艺术作品的表现力和情绪感染力。*

▼ 作品名称：《格尔尼卡》

作　　者：巴勃罗・毕加索

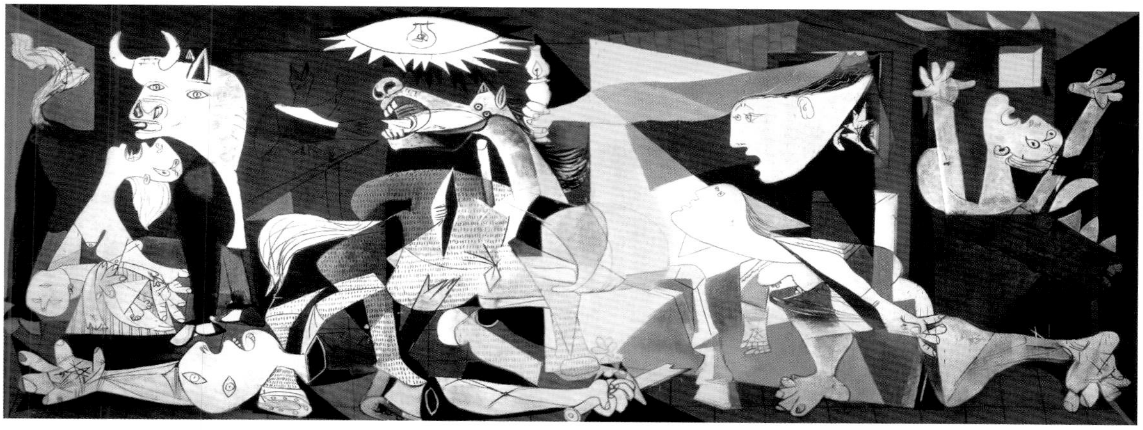

看图指引：《格尔尼卡》是一幅知名的巨幅油画。1937 年 4 月，德军空袭了西班牙小镇格尔尼卡，造成大量无辜平民伤亡。这幅作品表现了毕加索对战争的控诉和对和平的渴盼。

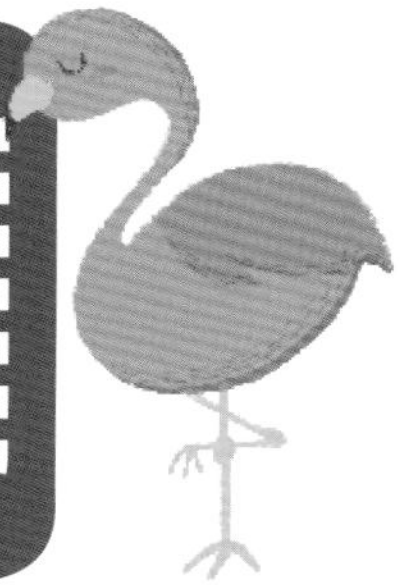

在许多抽象艺术作品中都可以看到**变形**的应用。当艺术家使用**变形**手法时，他们通过弯曲或拉伸物体的形状来改变物体的外观。

观察下图中的抽象画，艺术家在哪里使用了变形？

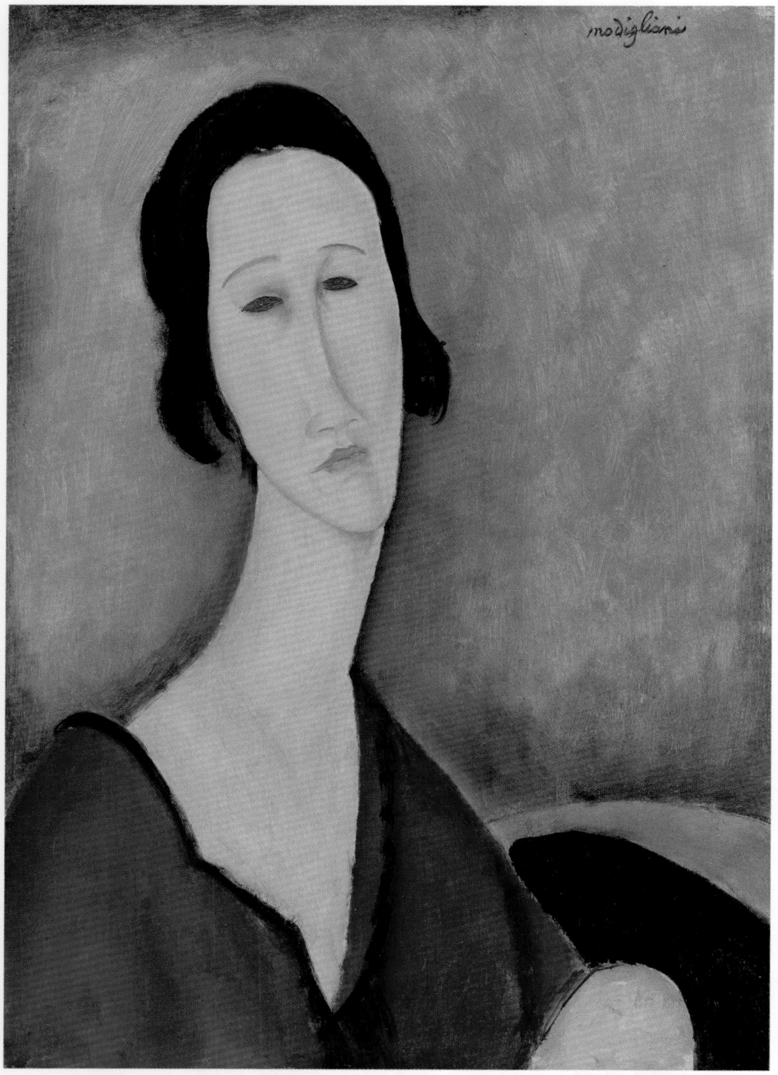

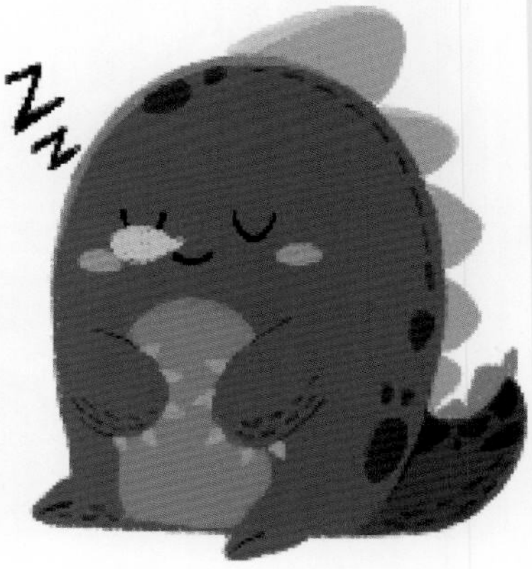

◀ 作品名称：《汉卡・兹博罗夫斯卡女士》
作　　者：阿梅德奥・莫迪里亚尼

动动小手

小艺术家工作坊

计划

画一张自画像。想想如何通过改变面部特征来增加变形的效果。

动手

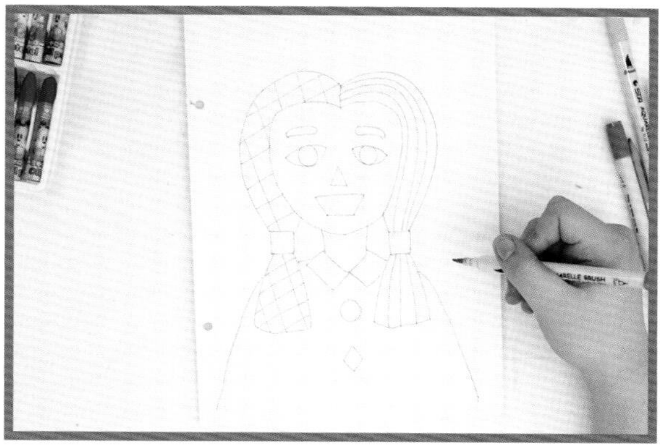

1. 在白纸上画草图，使用几何形状来塑造你的脸部。擦掉草图的一部分，改变已有的形状来产生变形的效果。

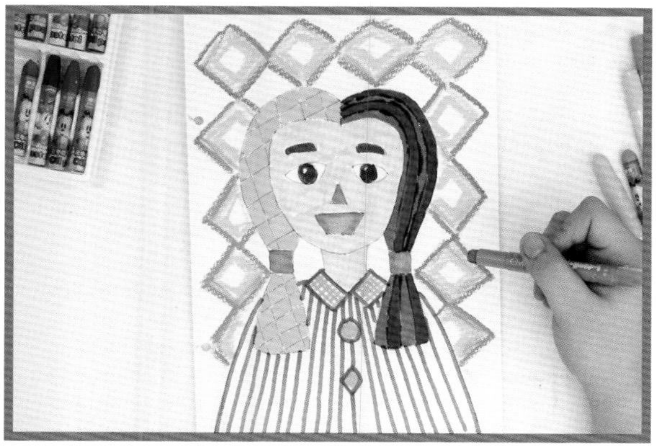

2. 在背景中加入不同的线条来表达你的感受，并为你的自画像上色。

思考

你在画中使用了什么形状？你是如何表现变形的？

第二十九课　小艺术家看世界

艺海博览　阿尔玛·托马斯的抽象画

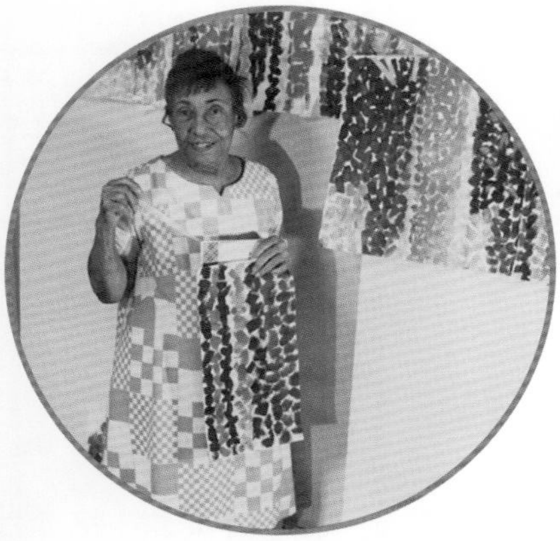

阿尔玛·托马斯是一名美国艺术家和教育家。当她还是个孩子的时候，就开始用自己家附近一条河里的泥土做雕塑。多年后，她对屋外花朵的记忆成为她绘画灵感的重要来源之一。

看看下图中的形状和颜色，你认为它们表现的是什么季节？

阿尔玛·托马斯以一种特殊的方式看待自然。透过窗户，她看到色彩一片一片、一块一块地随着季节的变化而变化。在她的画中，我们也能看到色块。她有时会用色块来表现从飞机上俯瞰地面的样子。

◀ 作品名称：《秋天开始了》

阿尔玛·托马斯的绘画灵感来自她对自然的直接体验。她研究了自己院子里和附近公园里树木和花朵的颜色、形状和动态，并把它们创造性地呈现在自己的抽象画中。你在下图中都看到了哪些颜色和形状？

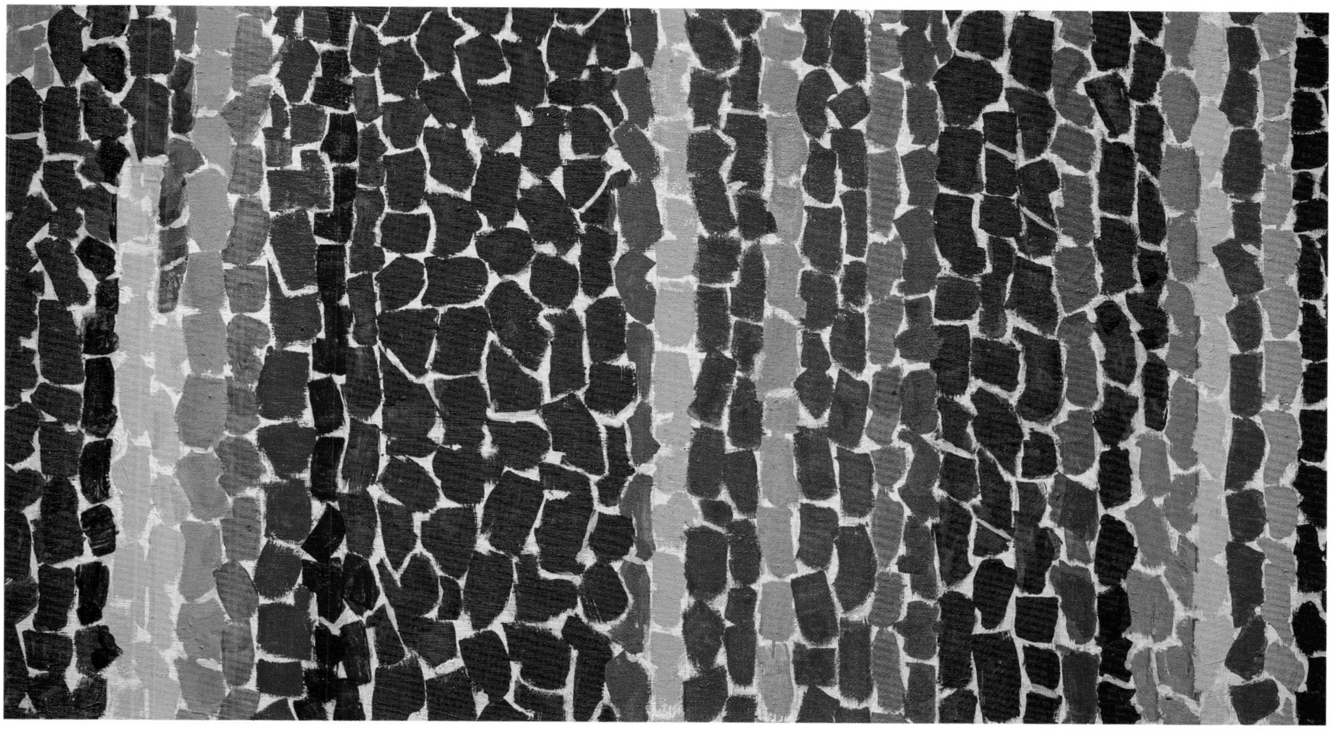

▲ 作品名称：《鸢尾、郁金香、长寿花和番红花》

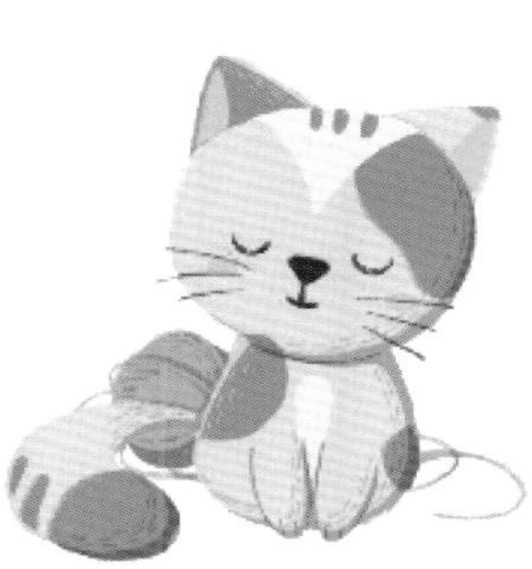

尽管阿尔玛·托马斯的画作表面上看是即兴创作的，但《鸢尾、郁金香、长寿花和番红花》等作品其实都是她反复推敲、深思熟虑的结果。她经常用水彩打草稿，并用铅笔在油画布上做一些标记，为之后的正式创作打好基础。

艺评之角

关于艺术的思考

你想从自然界中选取哪些场景来进行描绘？你会选用哪些颜色来表现它们呢？

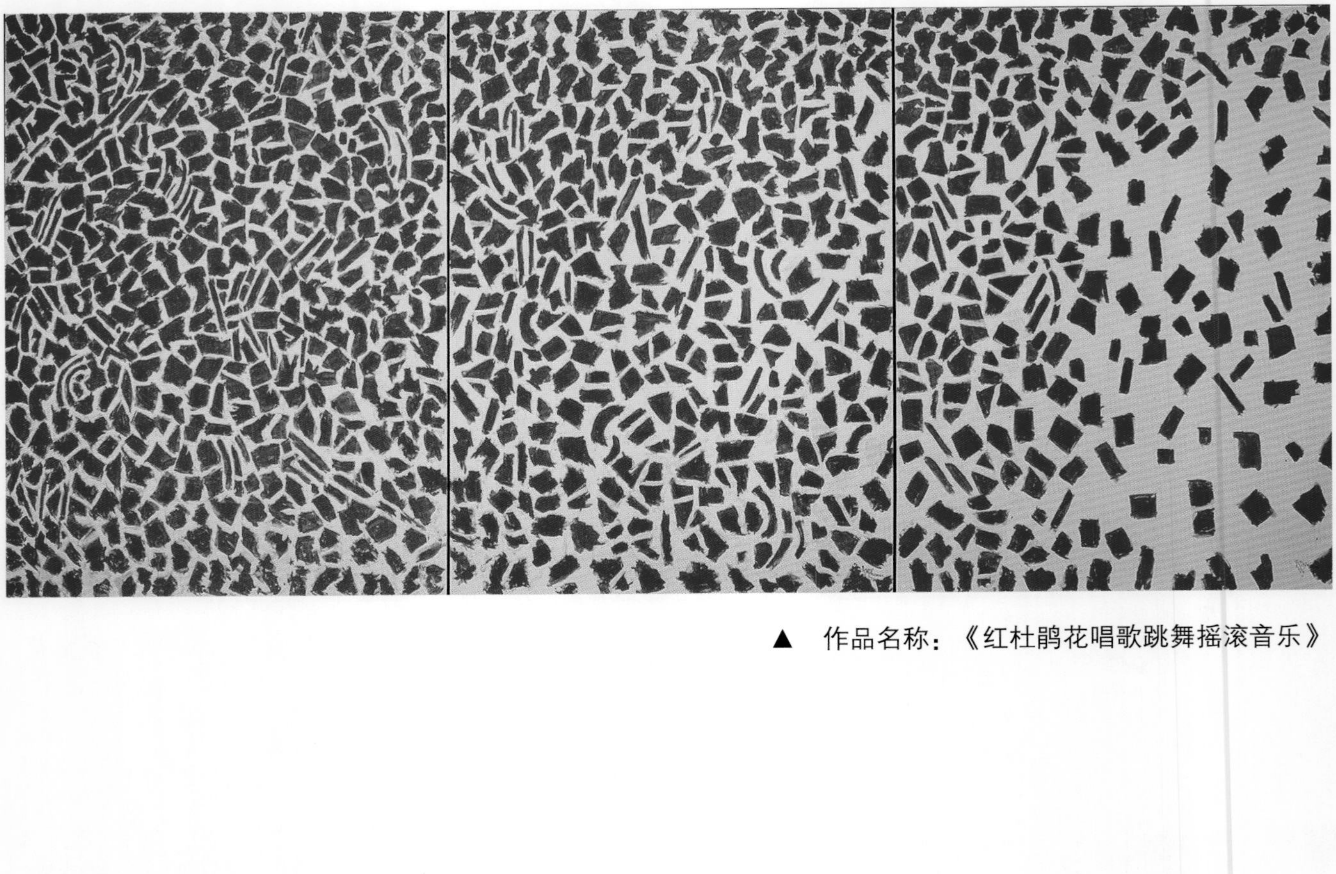

▲ 作品名称：《红杜鹃花唱歌跳舞摇滚音乐》

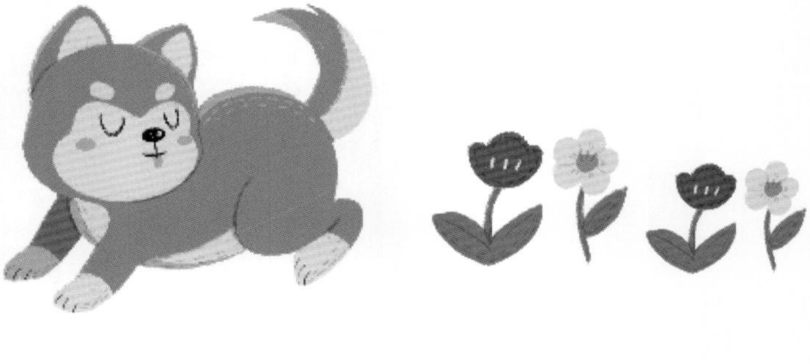

第三十课 艺术与生活

艺海博览

蒙德里安的“格子画”

皮特·蒙德里安是著名的荷兰画家，出生于1872年3月7日，是几何抽象画派的先驱。他认为世间万物最基本的结构就是横线和竖线，因此用这种抽象的方式来表达对世界的理解。

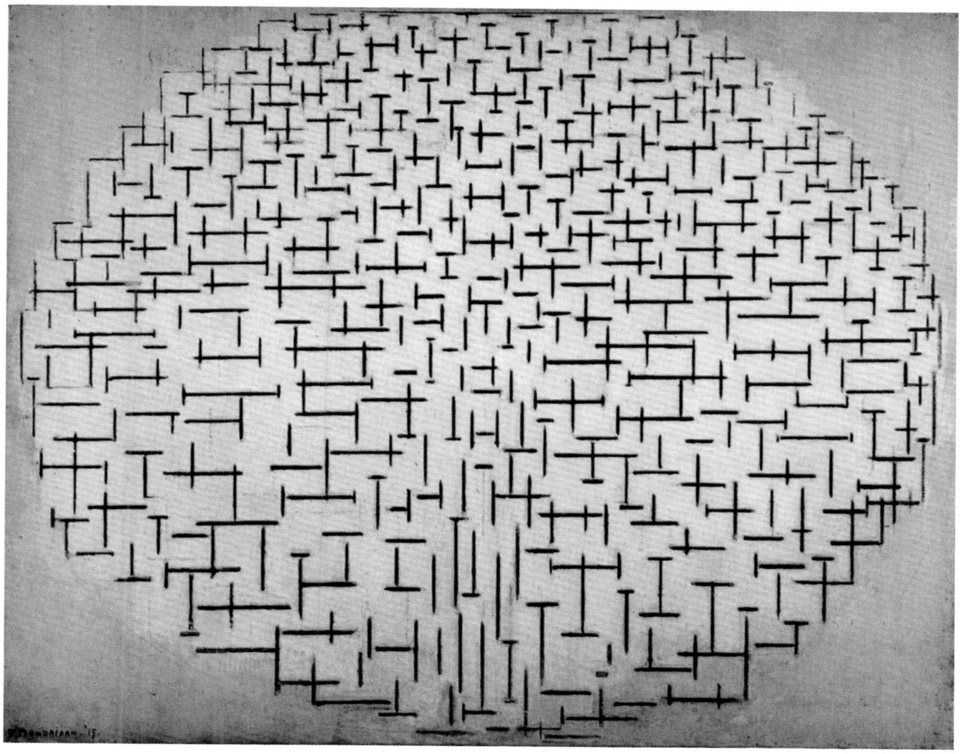

▲ 作品名称：《海堤与海》

看图指引：你能从这幅画中看出大海的样子吗？圆形的背景上，由黑色线条交织而成的十字展现了阳光闪烁的场景。你从这幅画中看到不对称平衡了吗？

你能找到下面两幅作品中的三原色吗？

蒙德里安在他的一生中经历了两次世界大战。你认为这些作品表达了他怎样的精神追求呢？

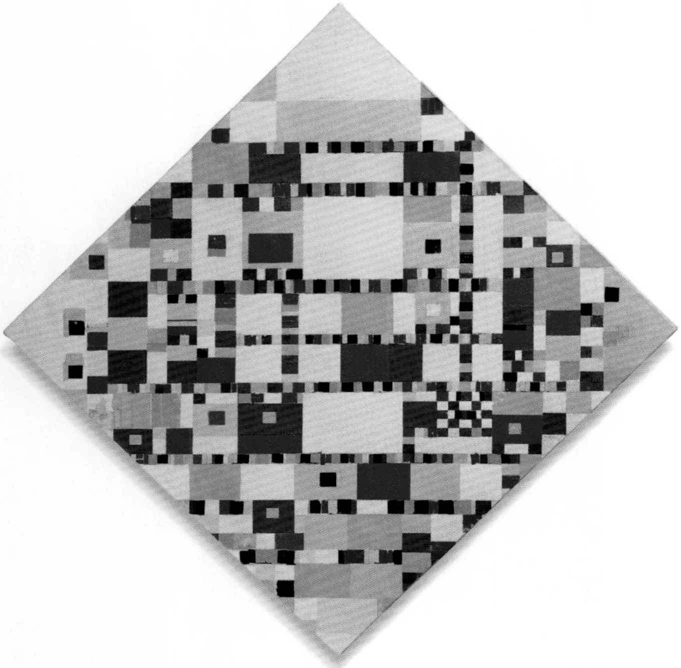

▲ 作品名称：《胜利之舞》

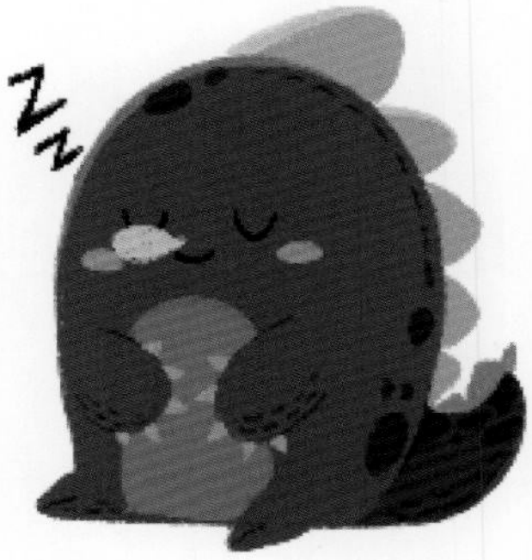

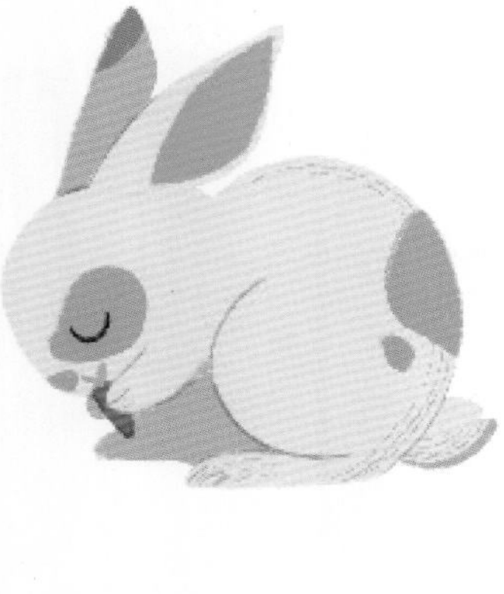

▲ 作品名称：《红黄蓝的构成》

艺评之角

关于艺术的思考

蒙德里安的“红、黄、蓝”抽象画风对后来的世界产生了深远的影响。你在生活中看到过蒙德里安风格的设计作品吗？

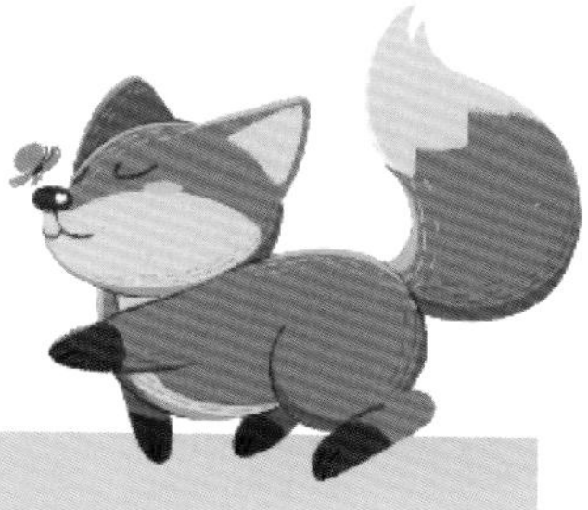

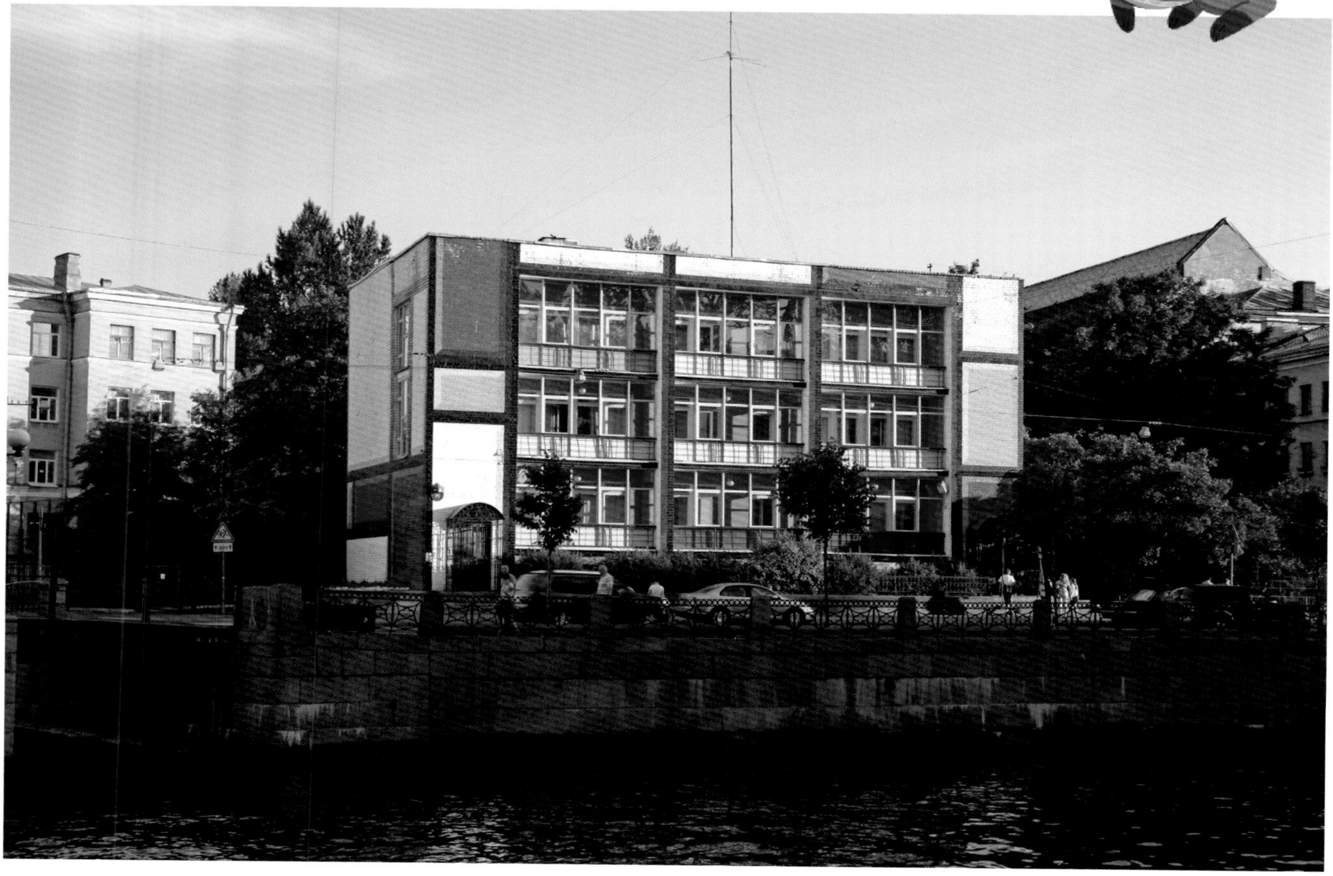

▲ 俄罗斯圣彼得堡的一处建筑

第三十一课 单元小测试

头脑风暴 概念词汇知多少

分别为以下概念选出最适合的图片。

1. 抽象

2. 强调

3. 平衡

A.

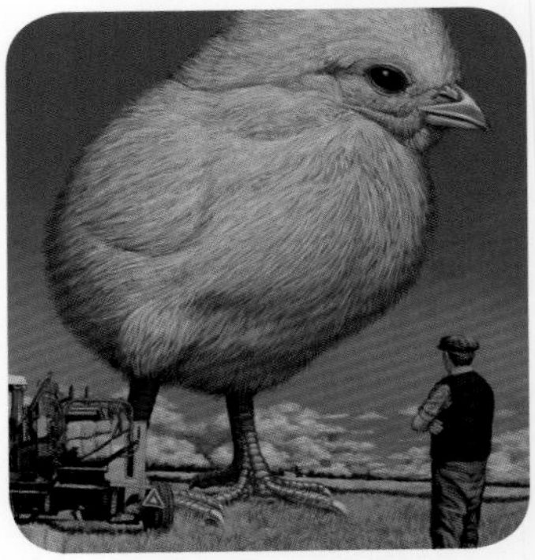

B.

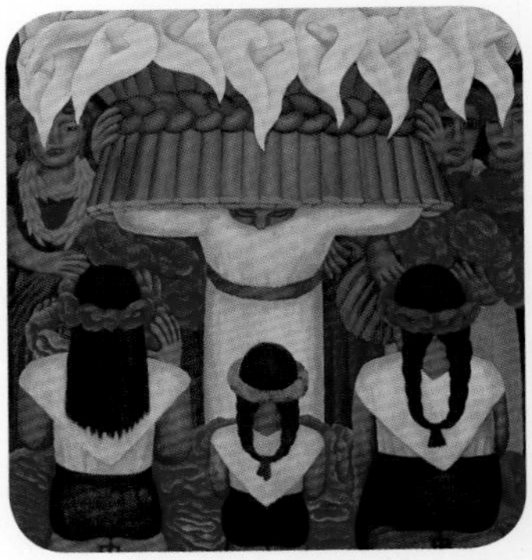

C.

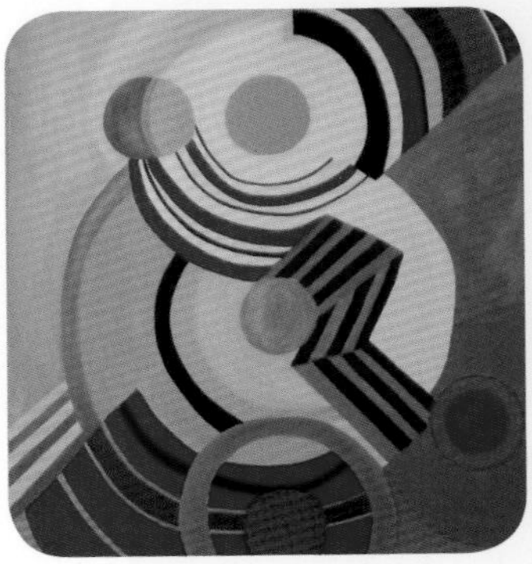

头脑风暴 欣赏技巧知多少

1. 总结主要思想

回到第 37 页，重新观察《早晨暴风雪后的村庄》这幅画，你认为它的主要思想是什么？艺术家想要表现关于这个村庄的哪些特点？

主要思想

细节

细节

细节

2. 对艺术作品进行描述

从你自己创作的艺术作品中选一件出来，为它写一段话，总结作品的主要思想。你需要在这段话中点明作品的标题，可以通过以上图表来帮助自己完成写作。

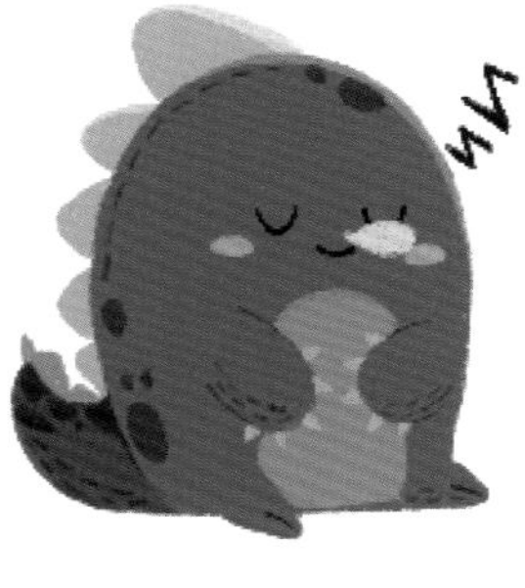

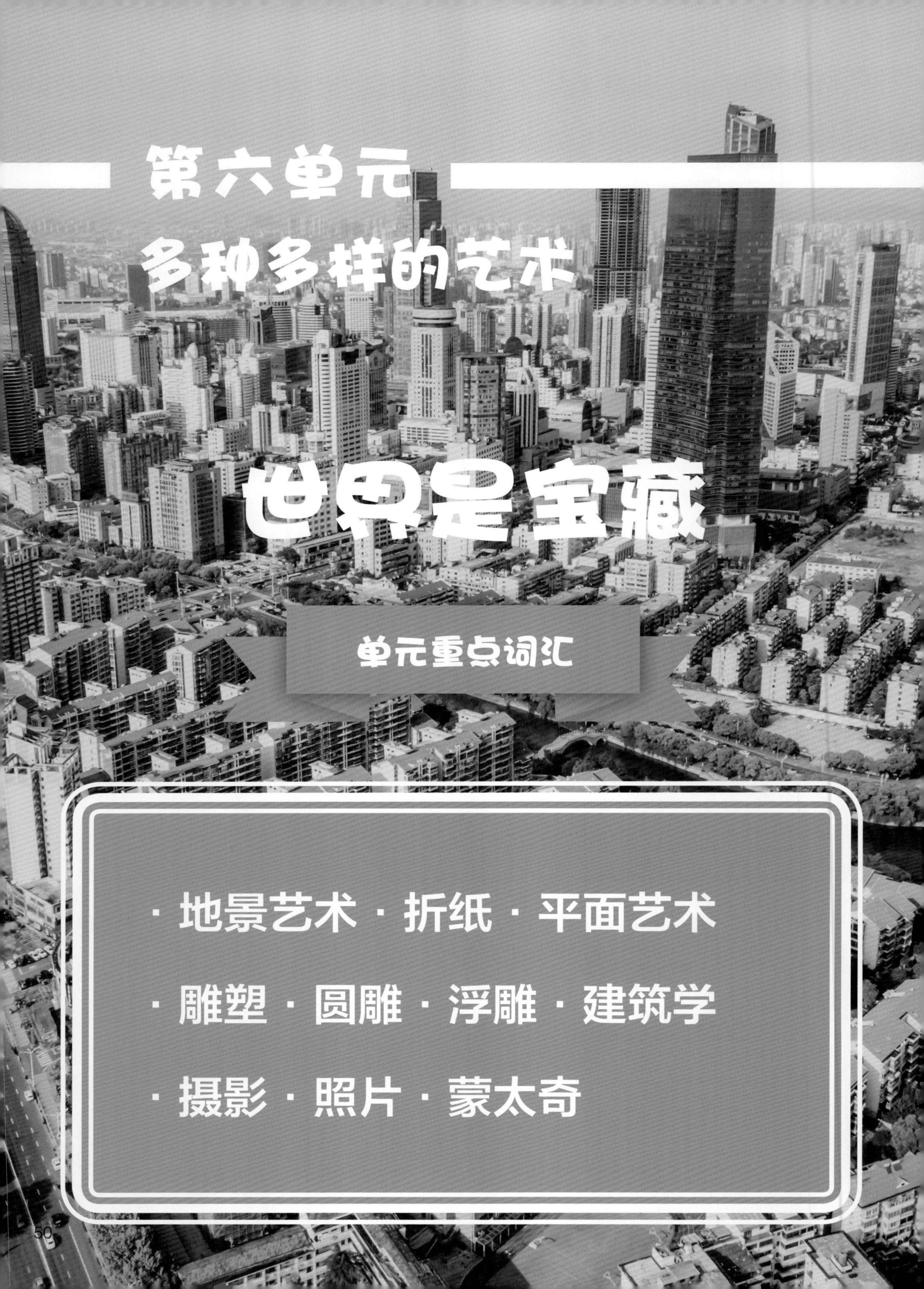

第六单元 多种多样的艺术

世界是宝藏

单元重点词汇

· 地景艺术 · 折纸 · 平面艺术
· 雕塑 · 圆雕 · 浮雕 · 建筑学
· 摄影 · 照片 · 蒙太奇

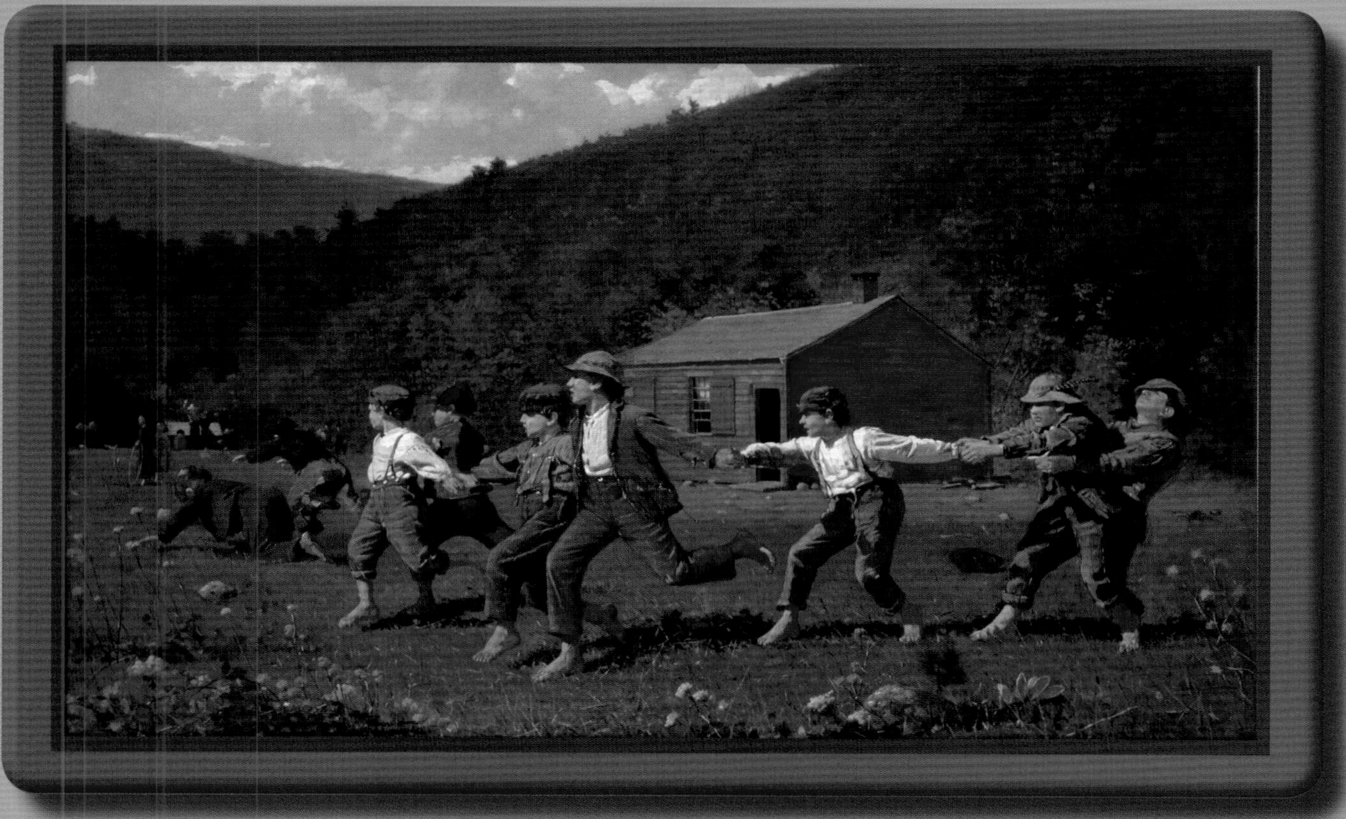

▲ 作品名称：《挥鞭子》

作　　者：温斯洛·霍默

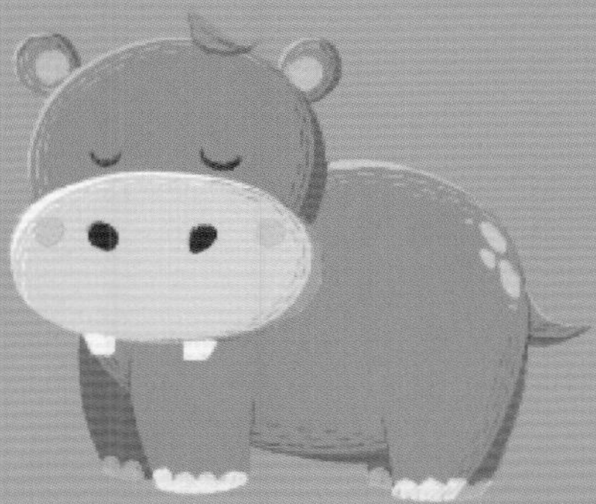

欣赏技巧

区分事实与观点

事实是可以被证明的东西。观点是一个人自己的意见或感觉。你可以通过分享事实和你自己的观点来讨论艺术品。看看下图中的艺术品，然后阅读相关的事实和观点。

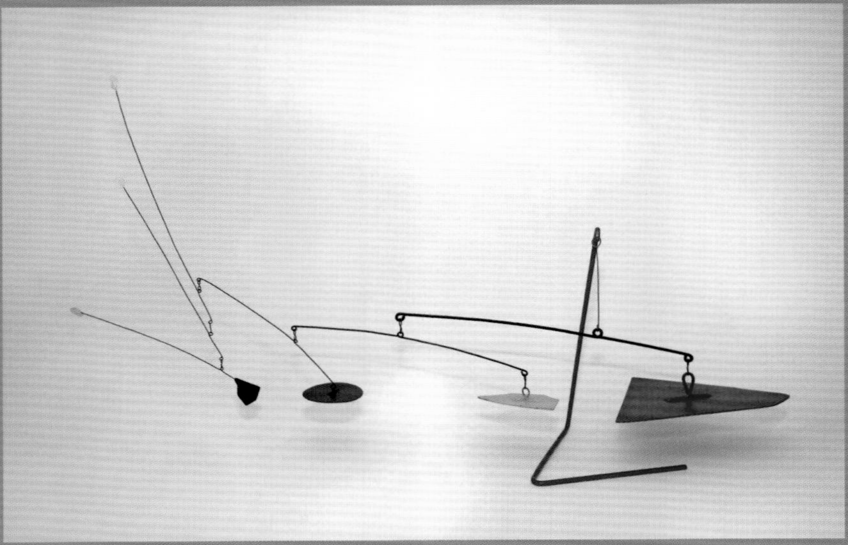

◀ 作品名称：《悬臂》
作　　者：亚历山大·考尔德

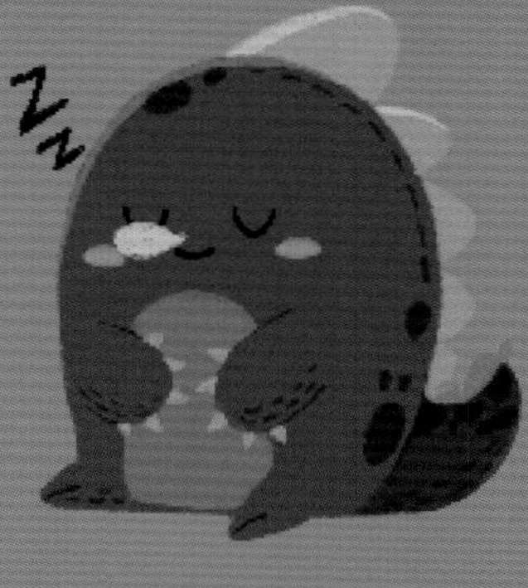

看图指引：
- 事实：这是一座雕塑作品。画家把它涂上了黑色、红色和黄色。
- 观点：这是世界上最好的艺术品之一。

你同意这个观点吗？你还知道关于这件作品的其他事实吗？

可以通过寻找事实和观点来帮助你理解所读的内容。阅读下面的文章时，寻找关于这位艺术家的事实和观点。

“动态雕塑是一种有活动部件的雕塑。亚历山大·考尔德是较早以制造动态雕塑而闻名的艺术家之一。在他的动态雕塑中，有的零件是由小型马达驱动的，有的零件是由风来吹动的。许多其他艺术家也创造了很棒的动态雕塑，然而考尔德的始终是最棒的。”

文章中哪些信息是可以被证明的事实？哪些是作者的观点？在下面的图表中写出事实和观点。

事实	观点
考尔德动态雕塑的一些部件是通过小马达来驱动的。	

第三十二课　自然界中的艺术

概念词汇

地景艺术

***地景艺术**，又叫作"大地艺术"，是一种利用自然界中的天然材料，在室外场景中创造和展示的艺术形式。*

艺术家将材料安排在自然环境中，通过线条、色彩、形状、形态或质感的对比来突出自己的艺术创意，同时也让人们对原来习以为常的自然环境有一种新的认识和艺术感受。

作品名称：《被包裹的树》　▶

作　　者：克里斯托和珍妮·克劳德

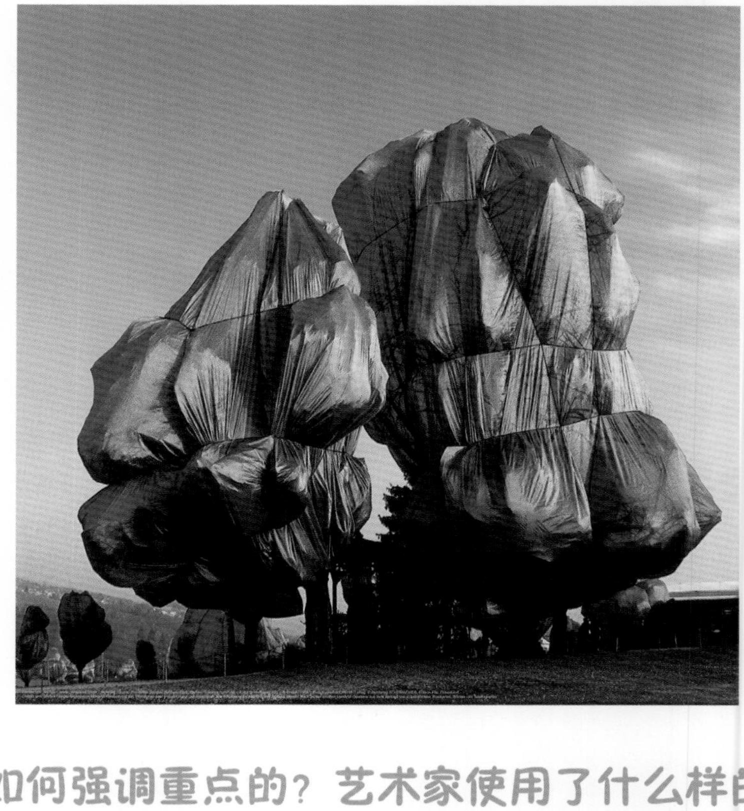

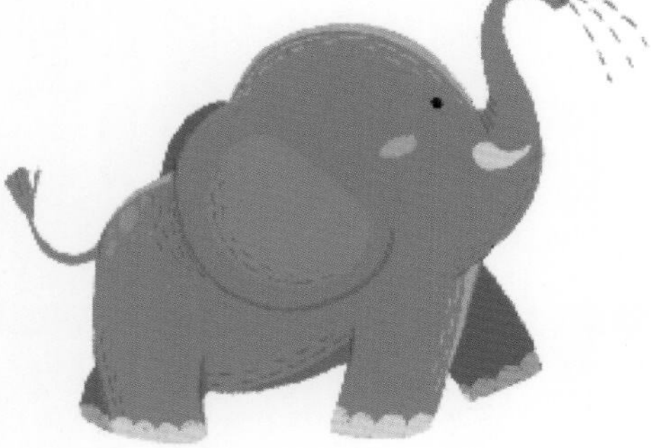

看看上图中的树，艺术家是如何强调重点的？艺术家使用了什么样的线条、形状和形态来进行对比，从而达到这样的效果？

现在看看下图，艺术家用麦田包围了四周真实的建筑和垃圾填埋场。你认为艺术家为什么会选择金黄色的麦田来进行创作？如果艺术家选择了不同的农作物，你会从远处注意到这件艺术作品吗？

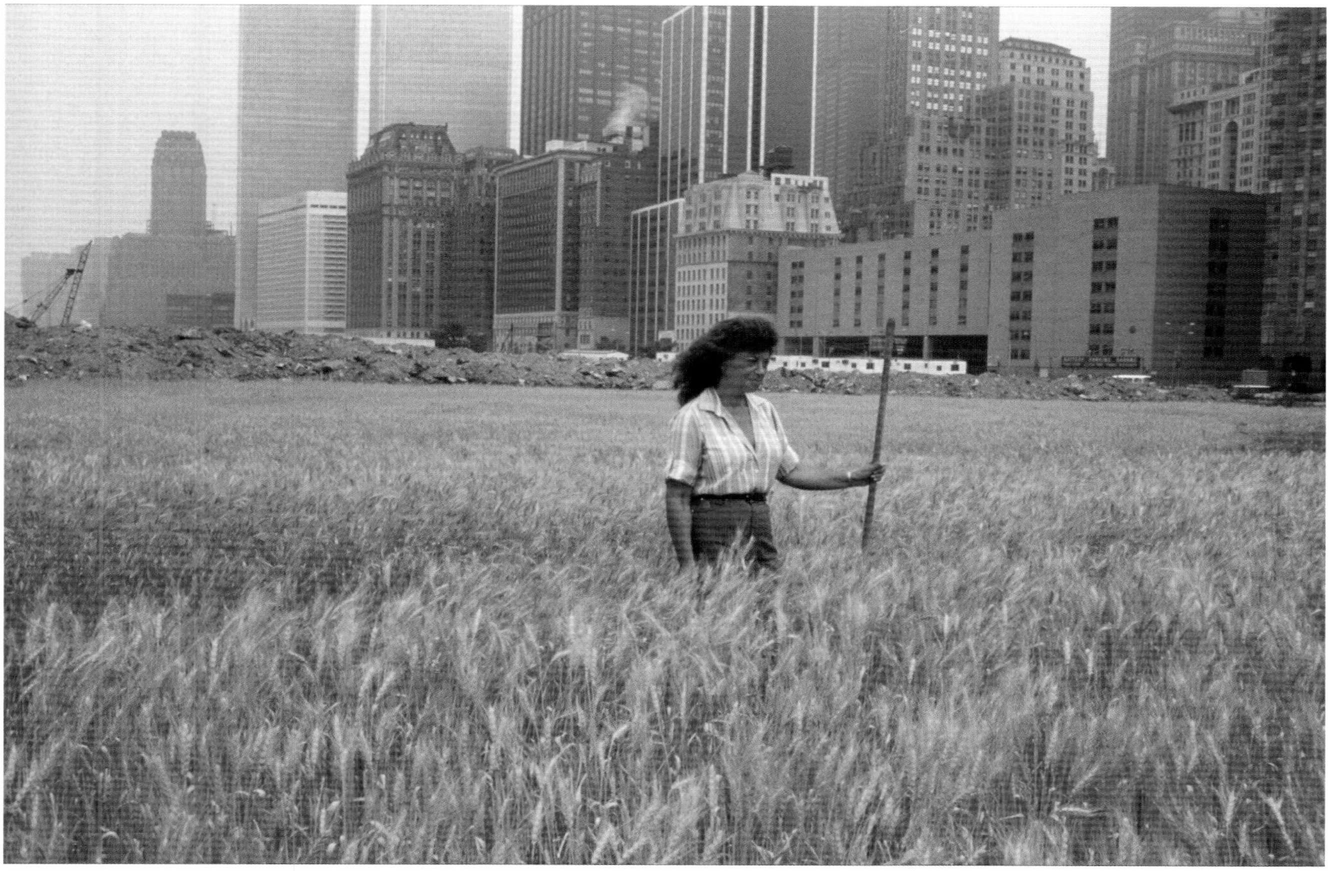

▲ 作品名称：《麦田–对抗：曼哈顿下城炮台公园垃圾填埋场》
作　　者：艾格尼丝·丹尼斯

在地景艺术中，艺术家以大地上的各种自然景观作为创作材料，在保留自然景观原有面目的基础上，把艺术创作和自然景观结合起来，让人们重新认识和思考人与自然的关系。

动动小手

小艺术家工作坊

计划

设计一个属于你自己的花园。

动手

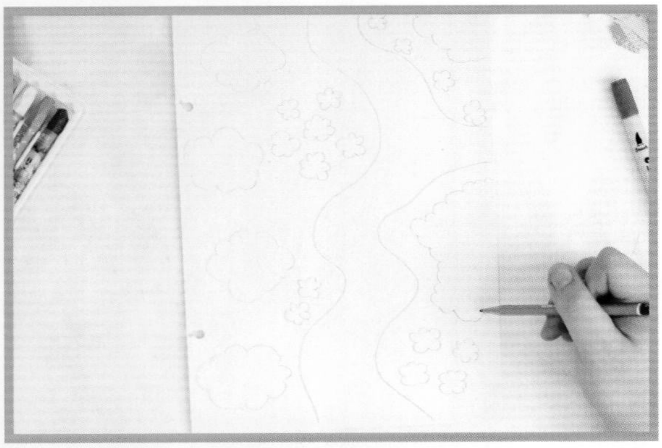

1. 构思一个你想要的花园。想象一下，从上面俯瞰花园会是什么样子。

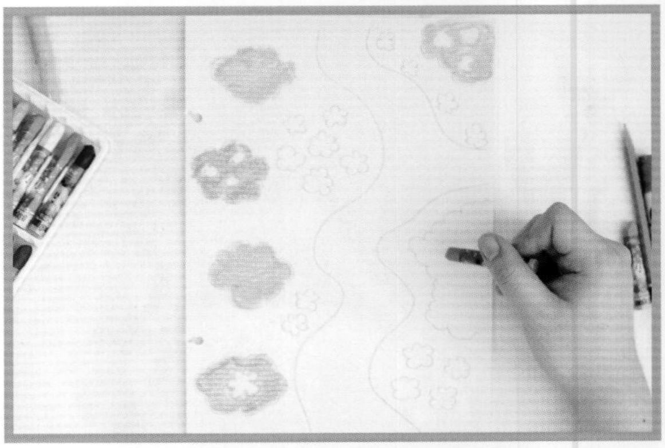

2. 在白纸上画出你的花园，用不同的形状来展现植物。

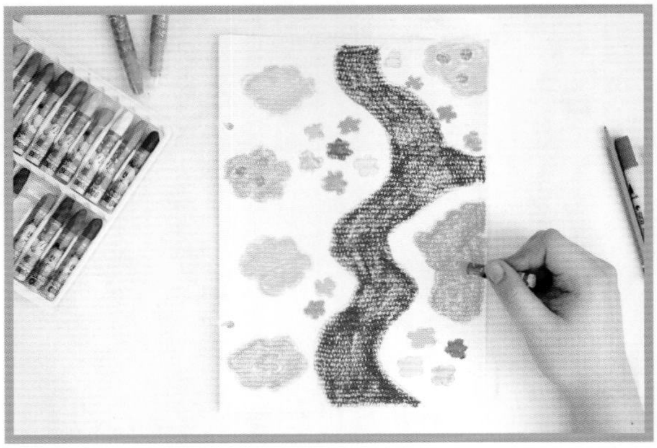

3. 用蜡笔或彩色铅笔为花园上色。

思考

你的花园里面有什么？

第三十三课　折纸的艺术

概念词汇

折　纸

在以下作品中，你都看到了哪些动物呢？

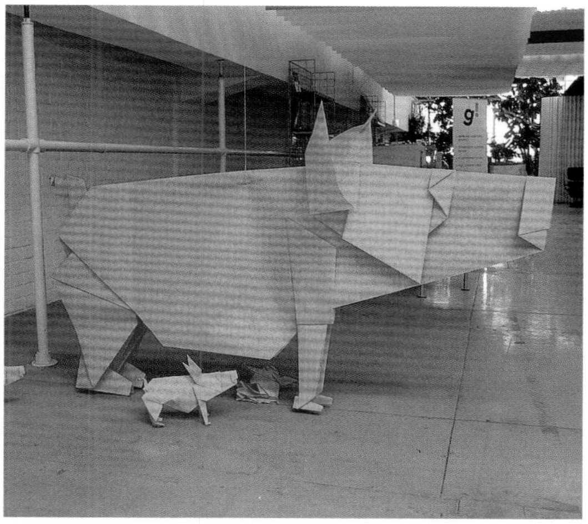

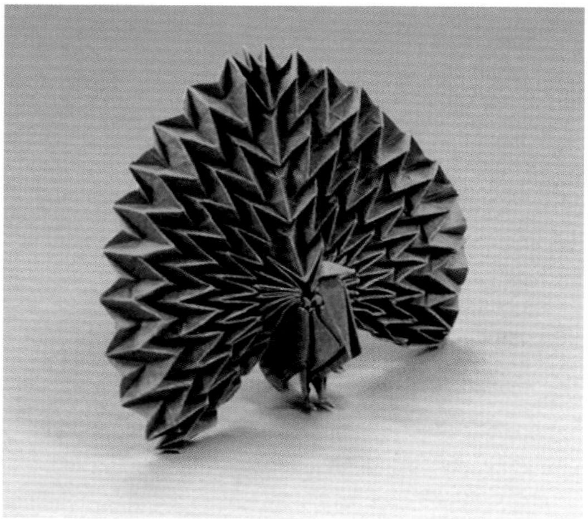

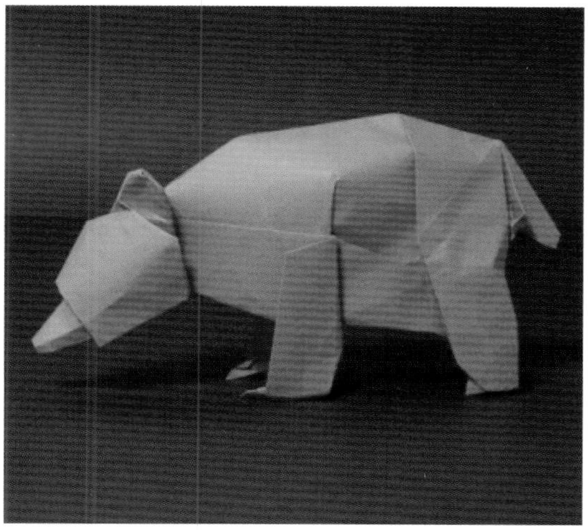

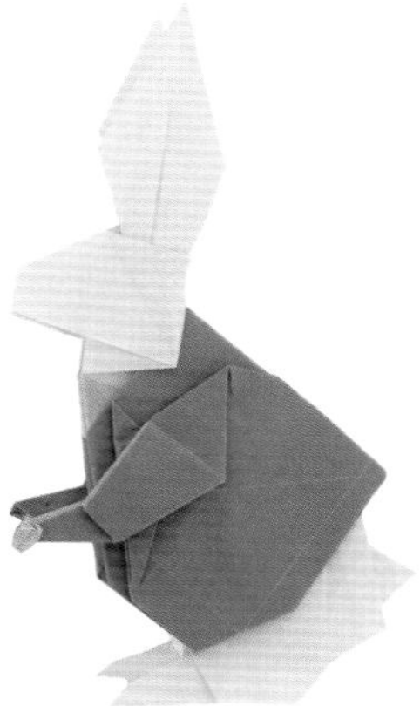

*这些动物是由折叠的纸做成的，这就是**折纸**艺术。*

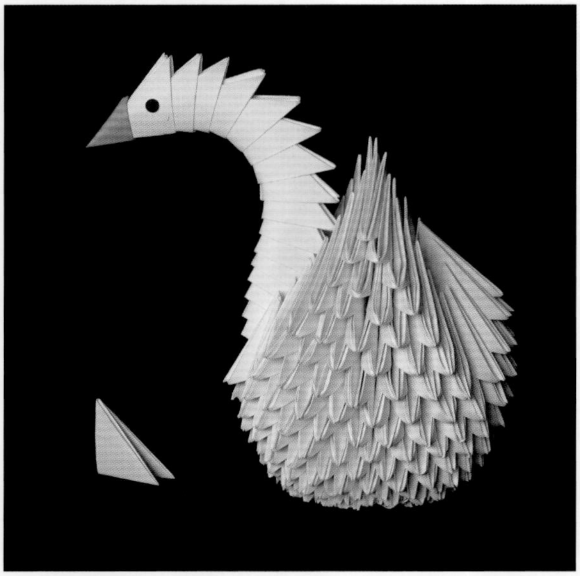

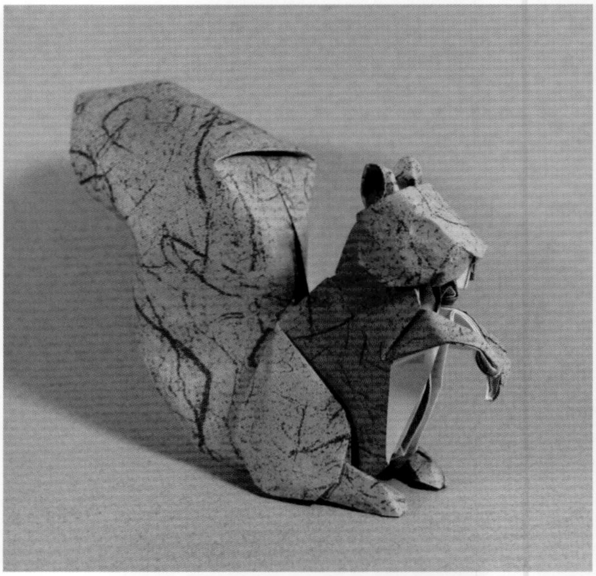

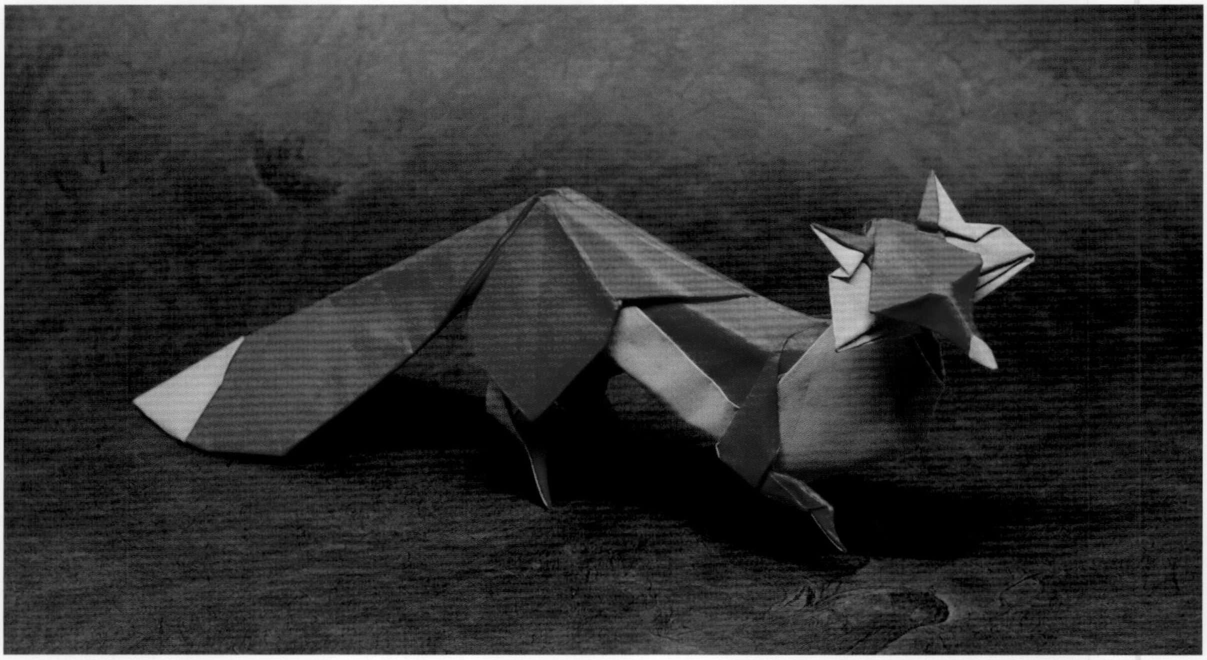

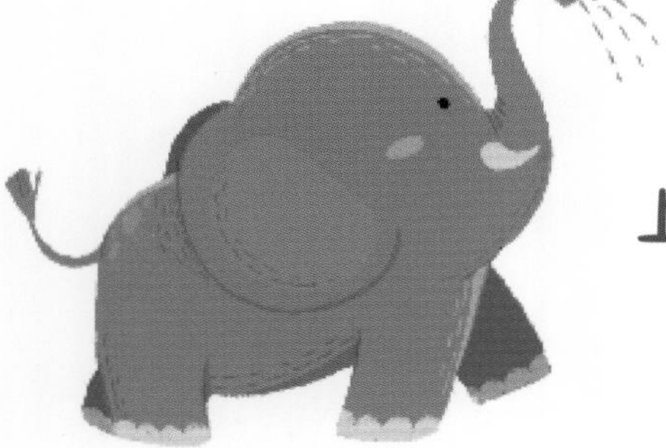

上面这几件折纸艺术作品有什么区别？

动动小手

小艺术家工作坊

计划

制作一个折纸动物。

动手

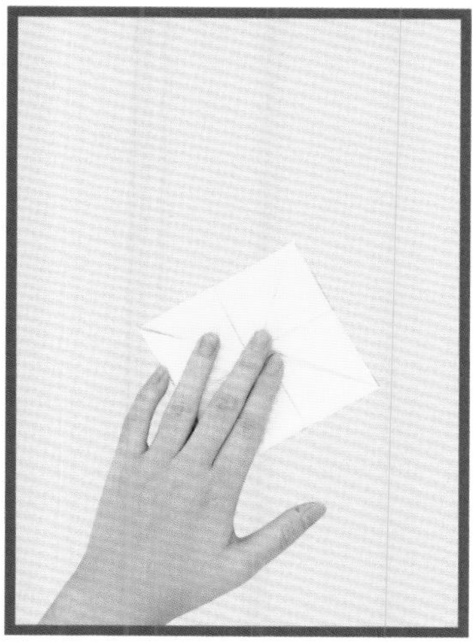

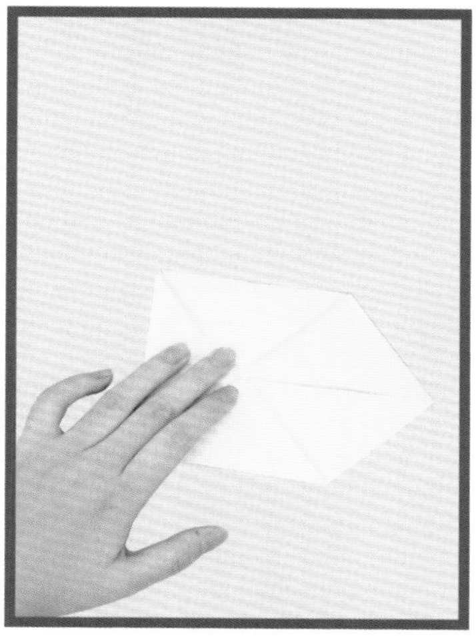

1. 通过折纸的方式折出这个动物。

2. 把折好的动物贴到另一张纸上，并且在纸上画出这个动物生活的环境。

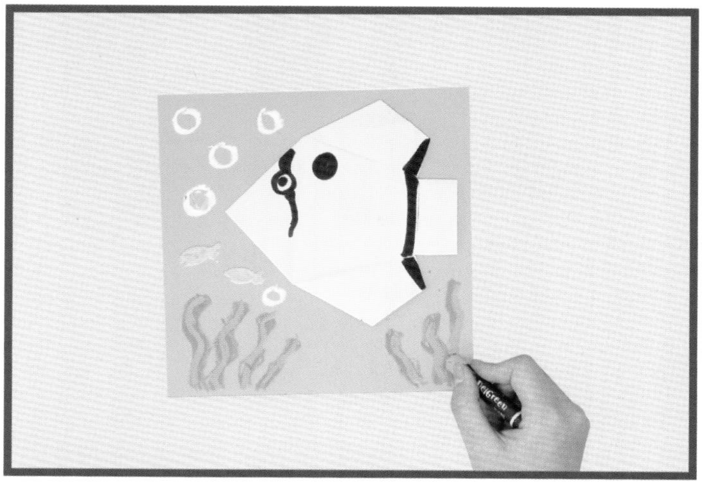

思考

你觉得制作折纸动物难吗？纸在生活中还有什么用途？

第三十四课 平面艺术

概念词汇

平面艺术

很多艺术作品必须要在博物馆或美术馆里观看，不过平面艺术却不同。

*广告是一种典型的**平面艺术**作品。**平面艺术**常见于报纸、杂志、海报等各类印刷物上，也经常出现于商品包装、广告牌以及电视上。*

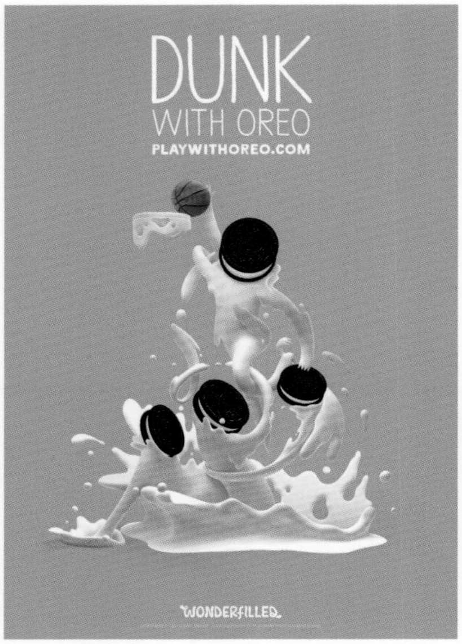

▲ 奥利奥饼干海报

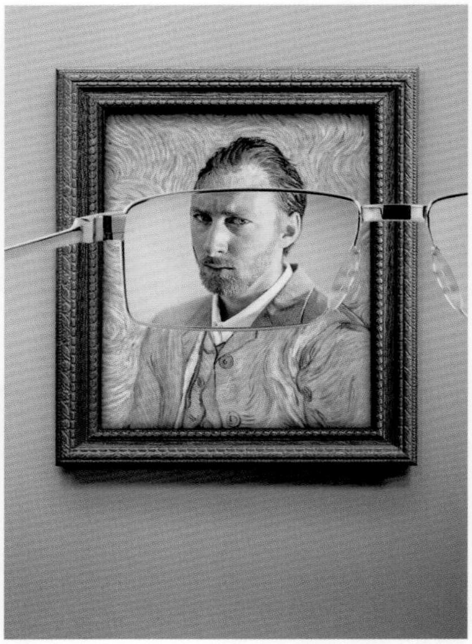

▲ 法国眼镜品牌海报

看图指引：这两个作品分别是关于什么的广告？艺术家加入了哪些细节来帮助人们记住产品特征？

动动小手

小艺术家工作坊

计划

为麦片设计海报。

动手

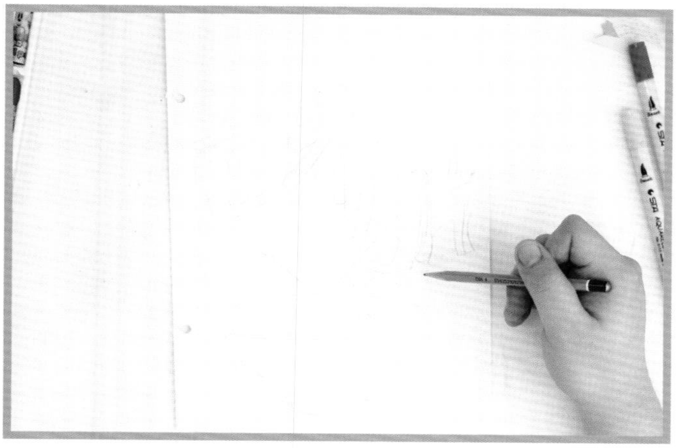

1. 为麦片想一个名字，并把你的想法画成草稿。

2. 使用彩色铅笔来完成你的设计，运用特殊字体来帮助人们记住这款麦片。使用不同的线条、形状和色彩来创造多样性。

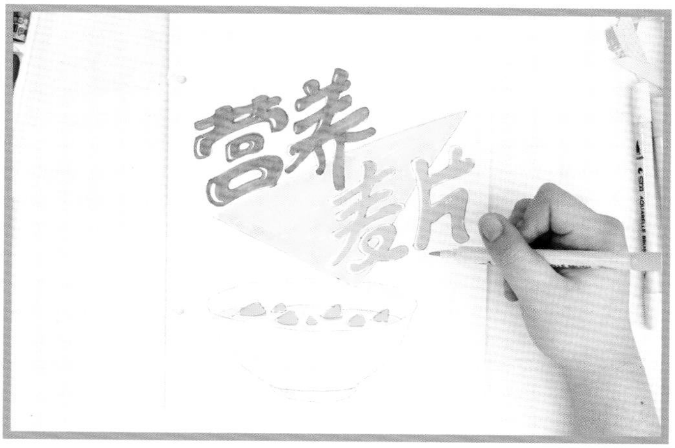

思考

你运用了哪些线条、形状和色彩来创造多样性？

第三十五课 雕塑的艺术

概念词汇

雕塑、圆雕、浮雕

雕塑是造型艺术中的一种，通常具有一定的象征或纪念意义。

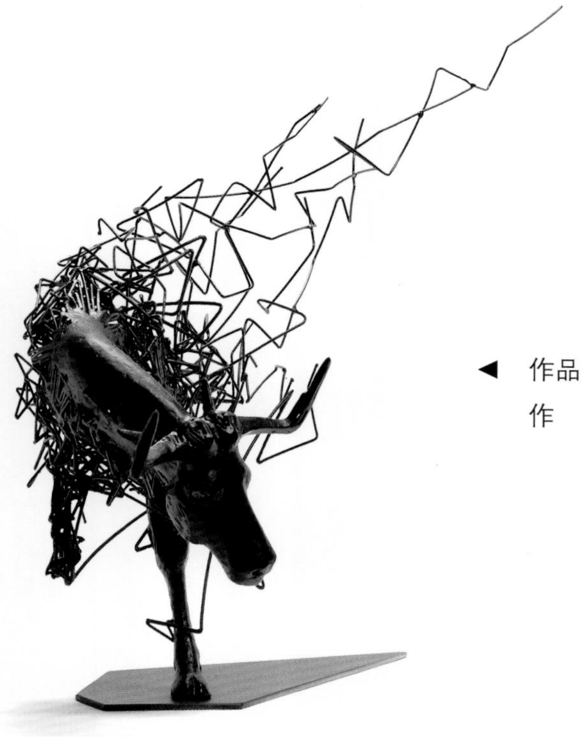

◀ 作品名称：《夜晚的肖像》
作　　者：智博稻叶

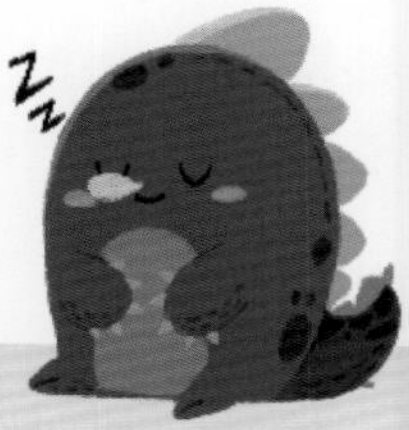

雕塑分为***圆雕***和***浮雕***。

圆雕又叫立体雕，是三维立体的，可以从各个角度来进行观赏。

看图指引：上面这幅圆雕作品，从不同角度观看会有什么不同呢？

浮雕是在一块平板上塑造出凸起的形象。

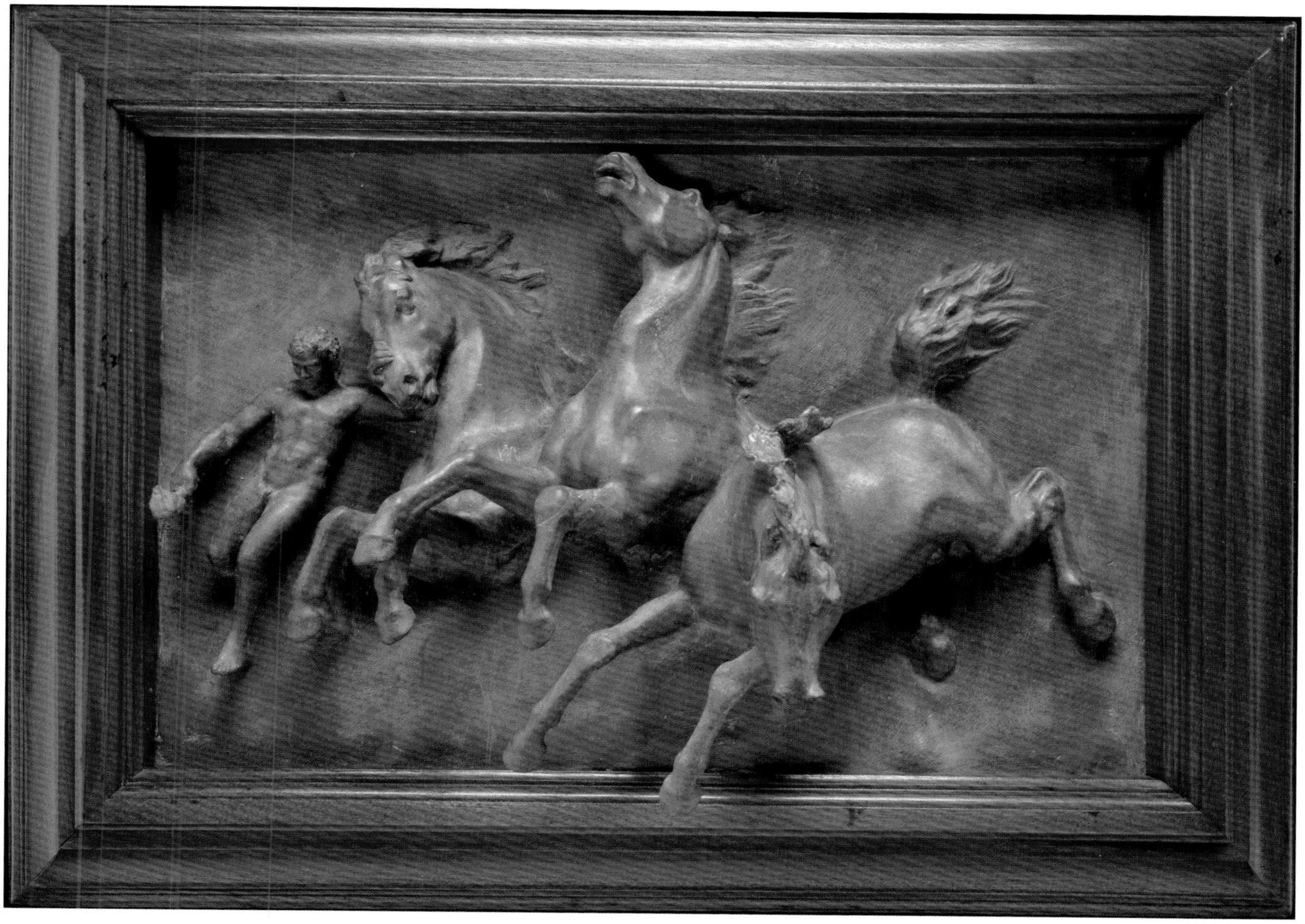

▲ 作品名称：《阿纳希塔的马》或《夜间的飞行》
作　　者：威廉·莫里斯·亨特

在这件作品中，艺术家是如何突出主体的形态的？

说说你看到了作品中的哪些空间。

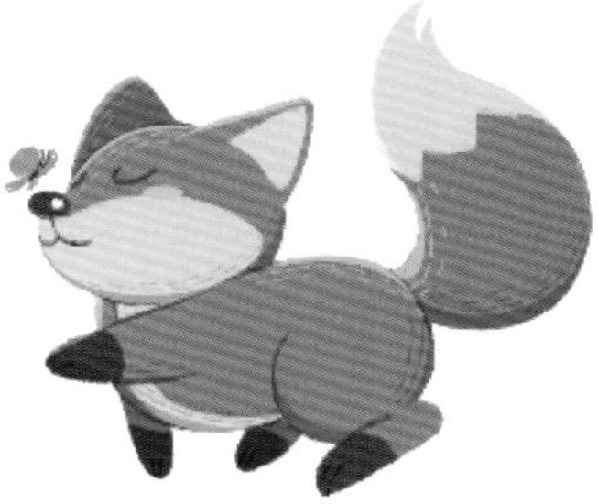

动动小手

小艺术家工作坊

计划

用锡纸制作动物雕塑。

动手

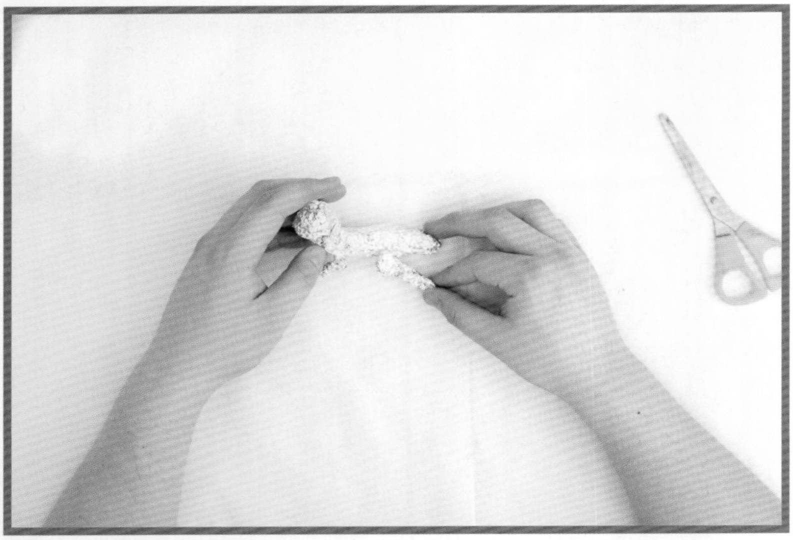

1. 通过揉、捏、搓的手法，用锡纸塑造出动物的头部和躯干。

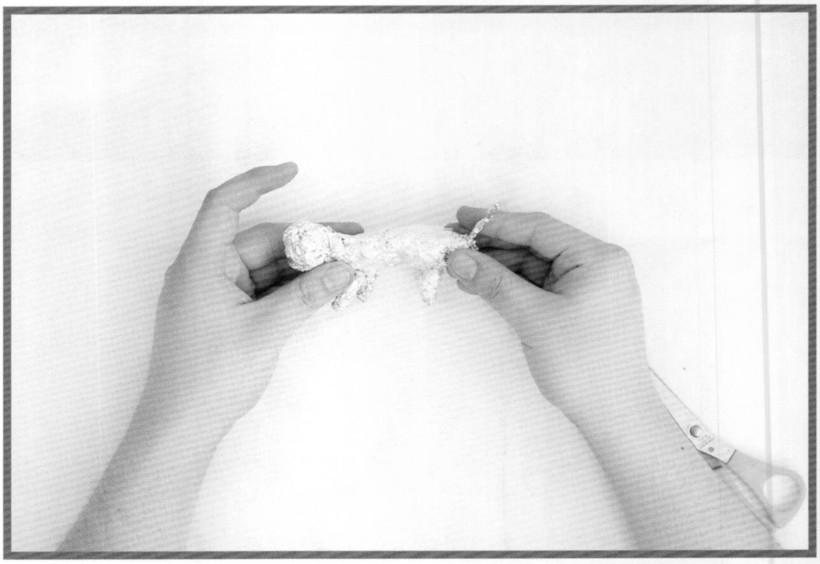

2. 用锡纸做出动物的四肢、尾巴、耳朵等部位，把它们粘贴到动物的躯干上。

思考

你制作的是哪种雕塑呢？

第三十六课 建筑的艺术

概念词汇

建筑学

以下两座建筑有什么相似之处和不同之处？

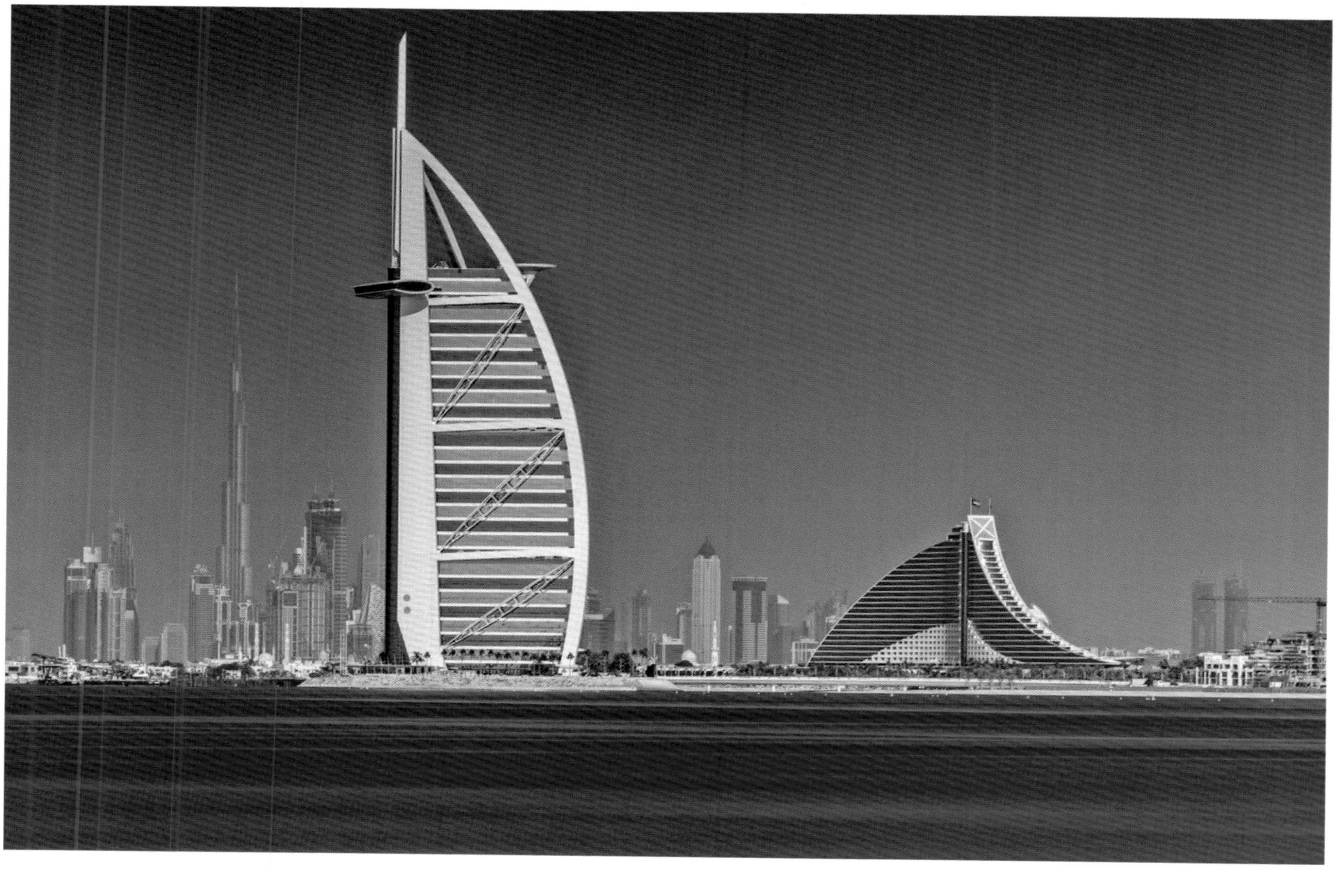

▲ 迪拜帆船酒店

建筑学*是对建筑物及其结构进行科学性和艺术性规划的一门学科。*

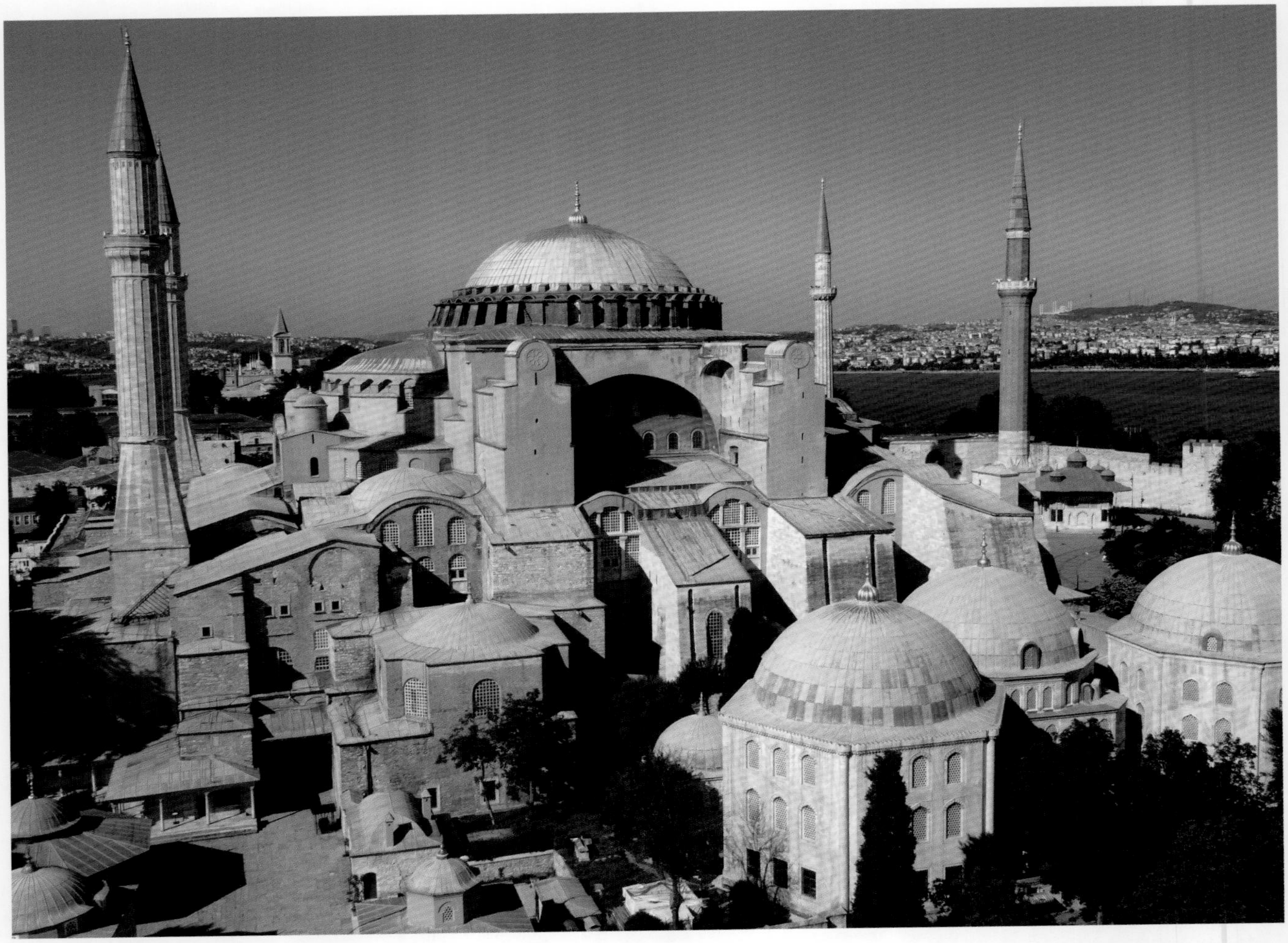

▲　土耳其圣索菲亚大教堂

看图指引：你在这两个建筑中发现了哪些艺术法则的应用？

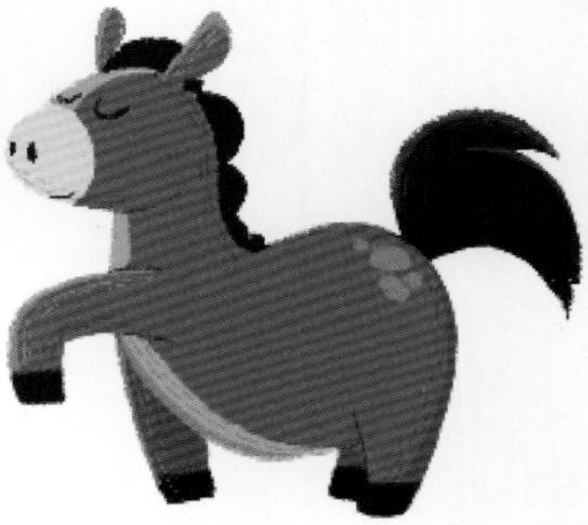

再来看看绘画作品中的建筑。

在这两幅作品中，有一些建筑看起来被别的建筑挡住了。

你认为哪些建筑看起来离我们更近，哪些建筑则显得更远吗？

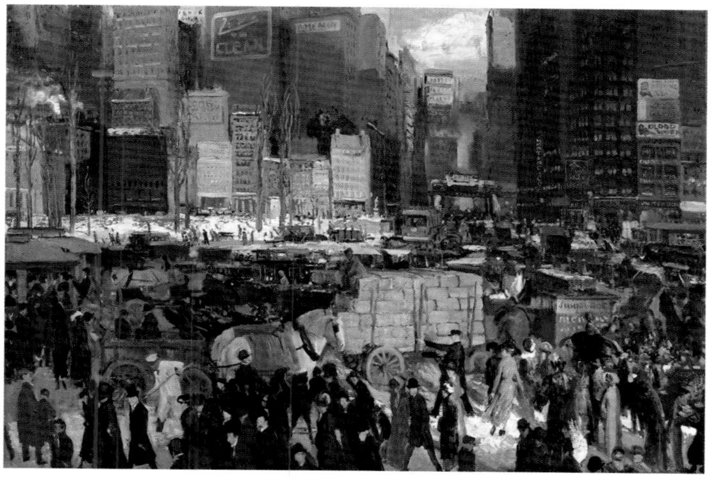

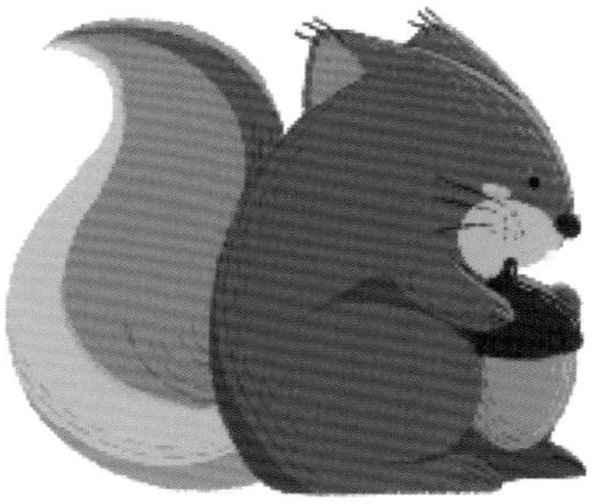

▲ 作品名称：《纽约》
作　　者：乔治·贝洛斯

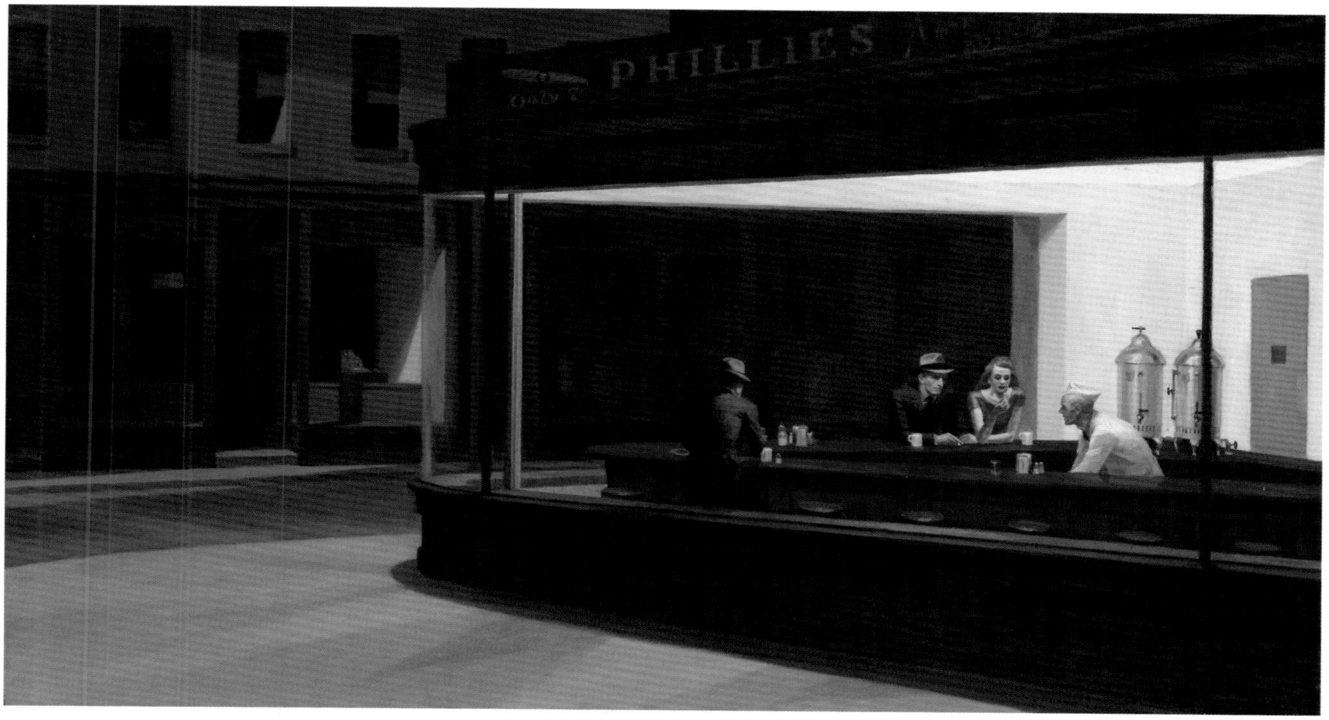

▲ 作品名称：《夜鹰》
作　　者：爱德华·霍珀

动动小手

小艺术家工作坊

计划

绘制一幅城市建筑图。

动手

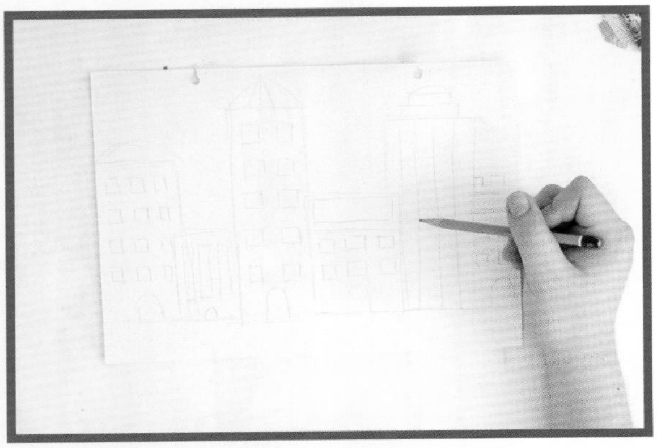

1. 多看一些关于建筑的照片来寻找灵感，把你的想法画成素描。

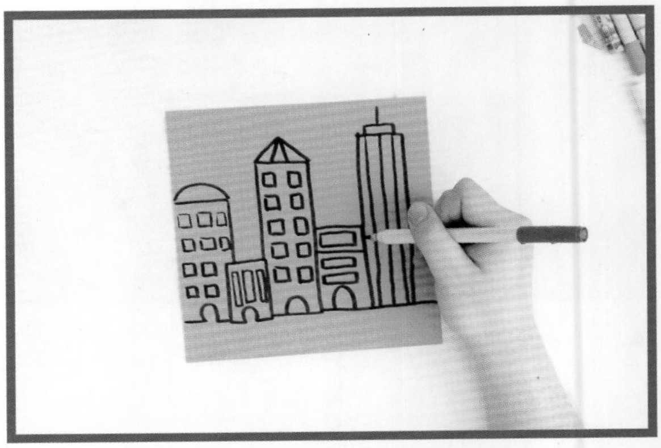

2. 在硬卡纸上画出你设想的建筑，注意使用艺术法则。

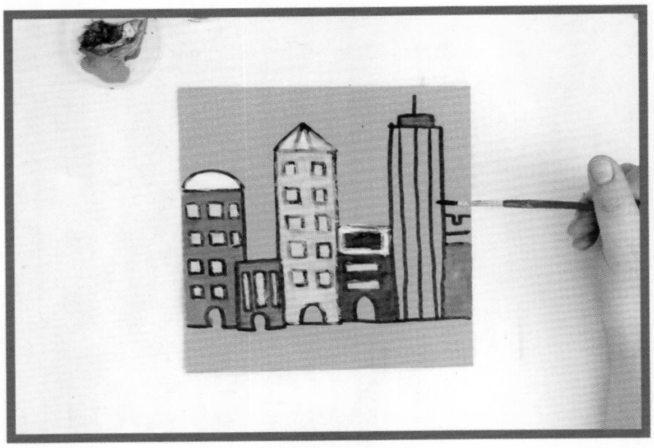

3. 为你的画作上色。

思考

说一说你画的建筑应用了哪些艺术法则。你使用遮挡关系了吗？

第三十七课　摄影的艺术

概念词汇

摄影、照片、蒙太奇

人们用相机或手机拍照，把静态的影像记录下来，这就是**摄影**。摄影的作品，就是**照片**。

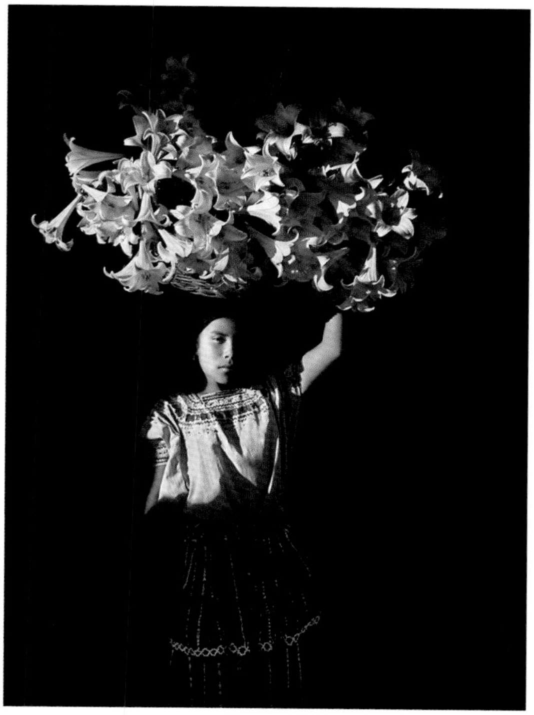

▲ 作品名称：《光之篮》
作　　者：弗罗·加杜诺

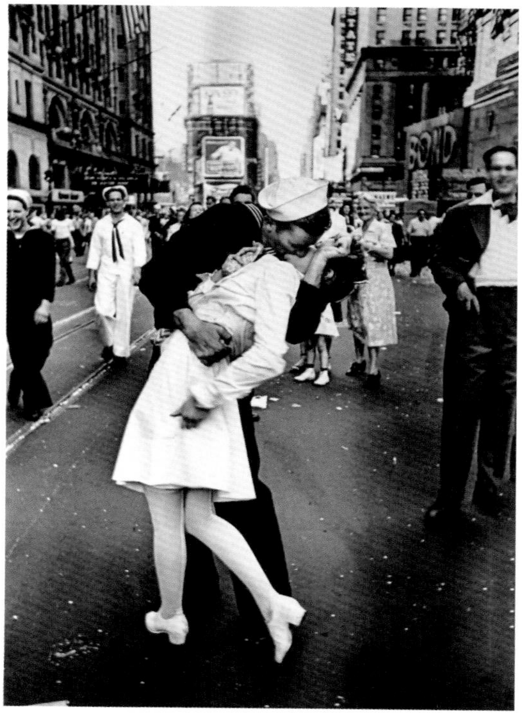

▲ 作品名称：《胜利之吻》
作　　者：阿尔弗雷德·艾森施泰特

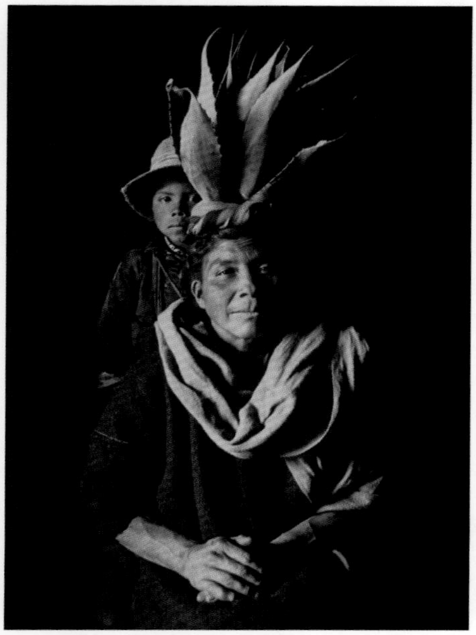

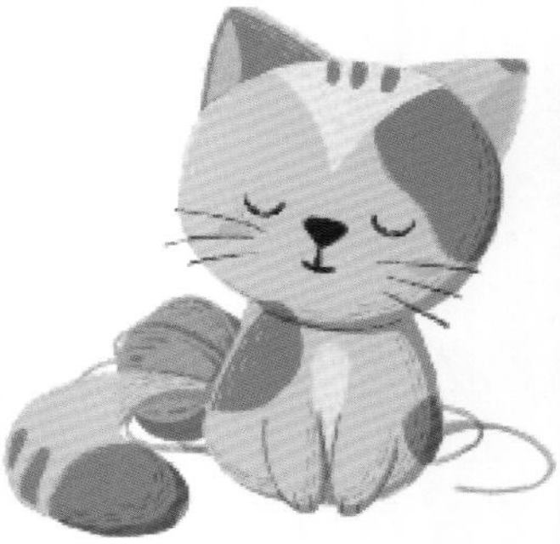

▲ 作品名称：《雷娜》

作　　者：弗罗・加杜诺

你可以自由选择不同的摄影对象作为照片的主体。

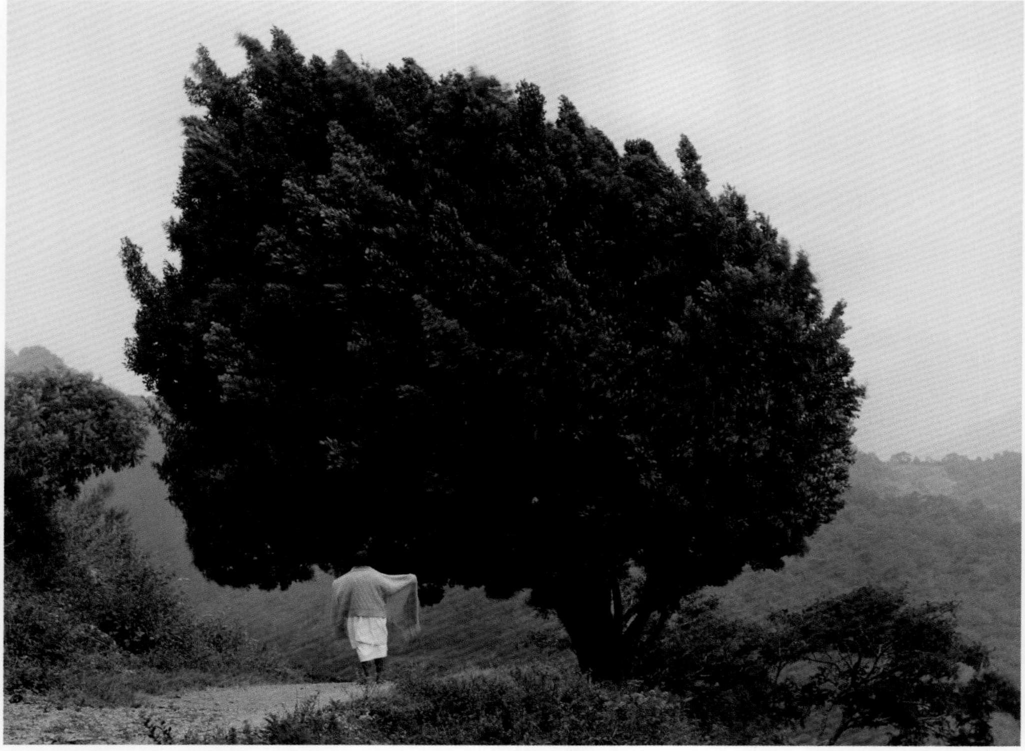

▲ 作品名称：《雅拉拉格的树》

作　　者：弗罗・加杜诺

艺术家可以运用**蒙太奇**手法，把不同的照片裁剪、拼贴在一起。

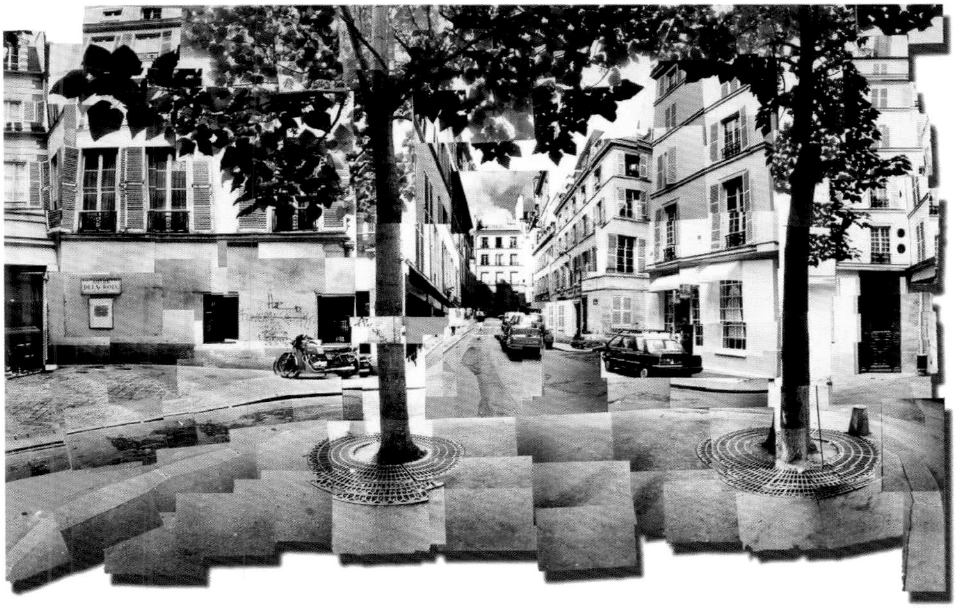

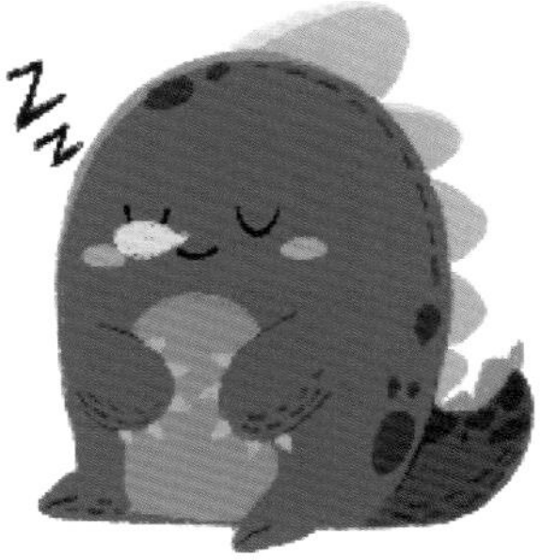

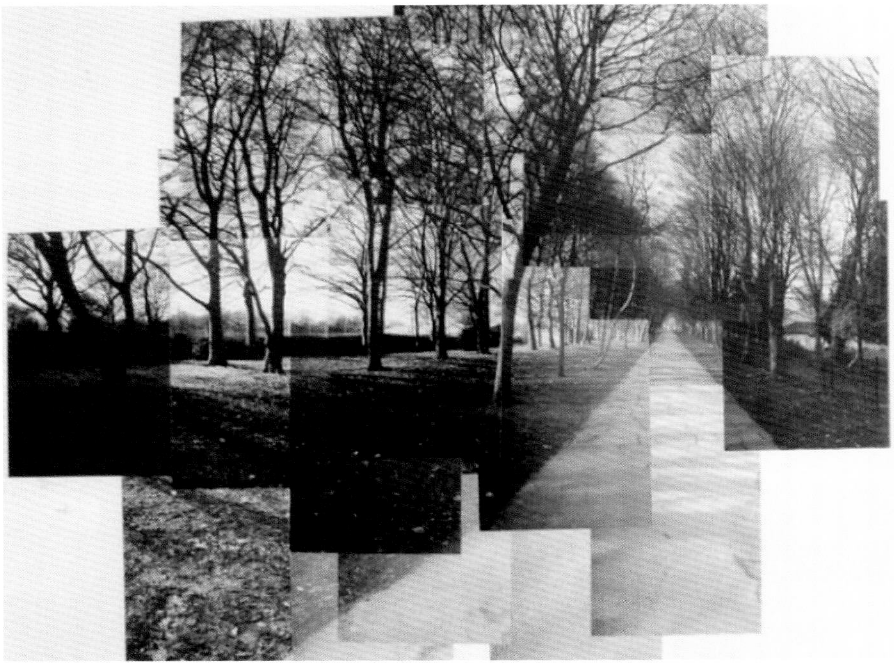

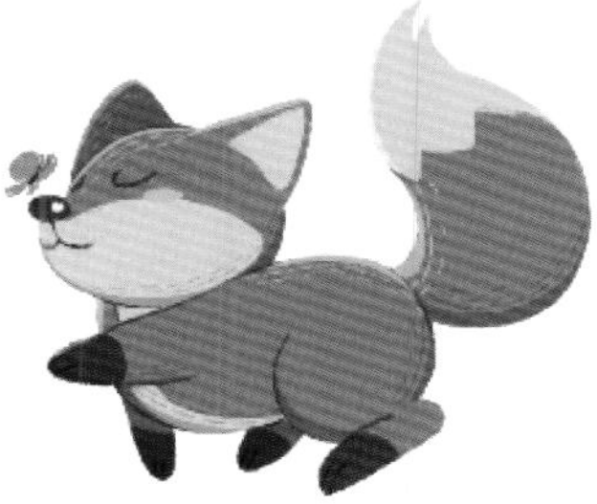

动动小手

小艺术家工作坊

计划

裁剪并拼贴一组蒙太奇照片。

动手

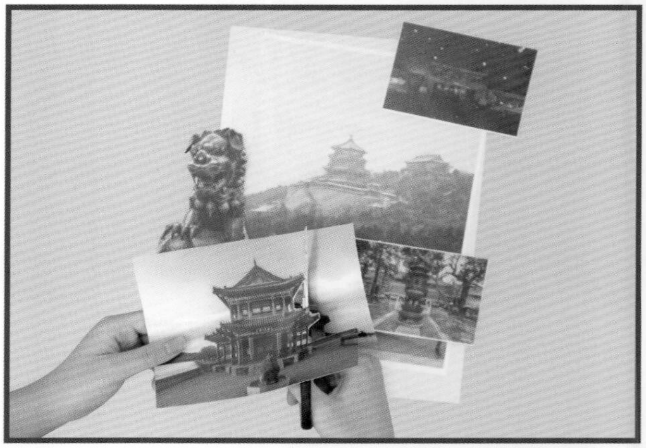

1. 从杂志上剪下一些照片，再将照片中你想用的部分剪下来。

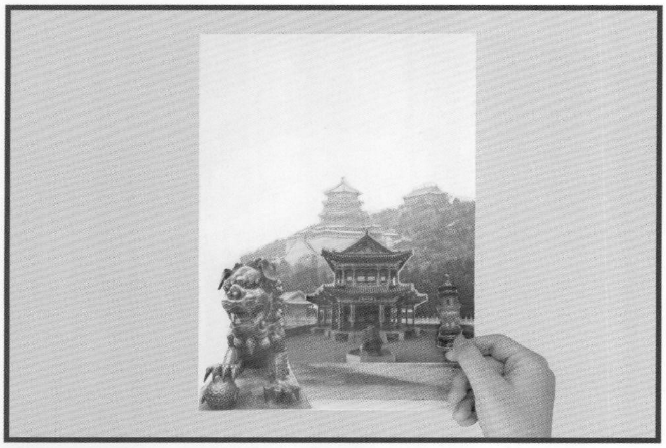

2. 把它们拼贴在一起，并粘贴起来。

思考

描述一下你是如何使用蒙太奇手法的，你想表达什么？

第三十八课 小艺术家看世界

艺海博览

秘鲁装饰工艺品“雷塔布”

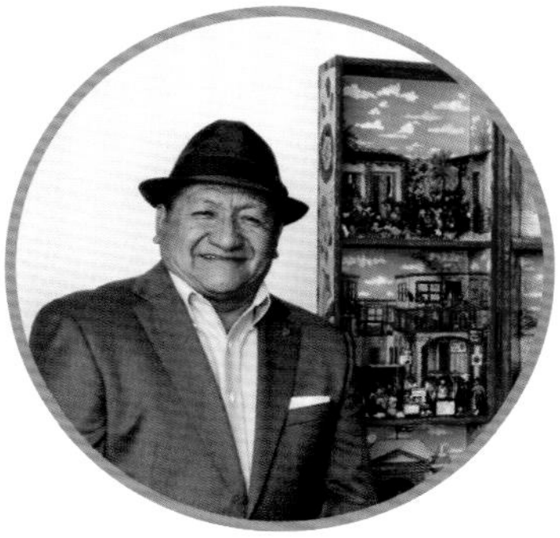

“雷塔布”是一个木制的盒子，里面装满了展示日常生活场景的物品。尼卡里奥·希门尼斯是一名来自秘鲁的艺术家，以制作装饰工艺品“雷塔布”闻名。制作“雷塔布”的材料十分特殊，是由土豆淀粉和一种特殊的粉末混合而成的。为了刻画细节，他还需要使用一种形似牙签的木制雕刻工具，并为小雕像上色。

下图中的“雷塔布”展示了什么场景？

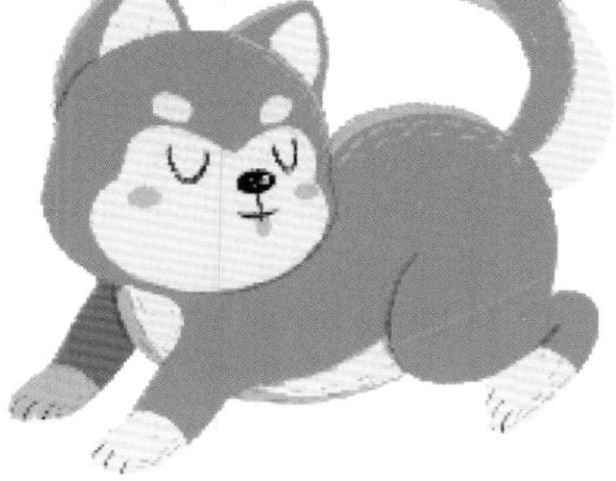

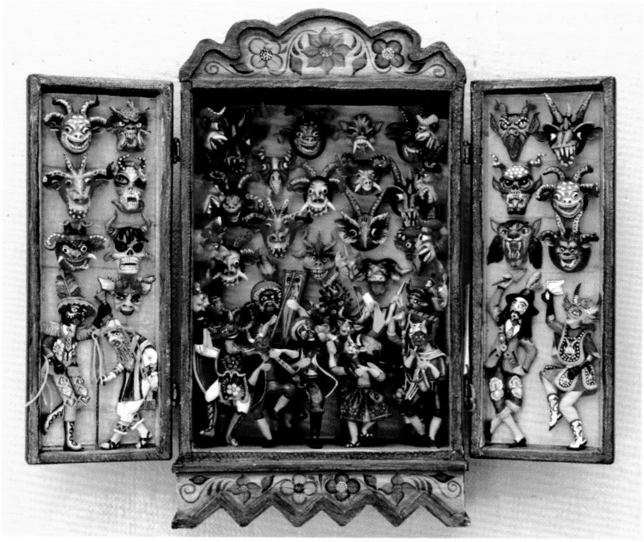

作品名称：《艺术节》▶

下图中的“雷塔布”展示了一个帽子商店的一部分。注意看，有的小人正在制作帽子，有的小人在给客人试戴。你还能从这件作品中看到什么细节？

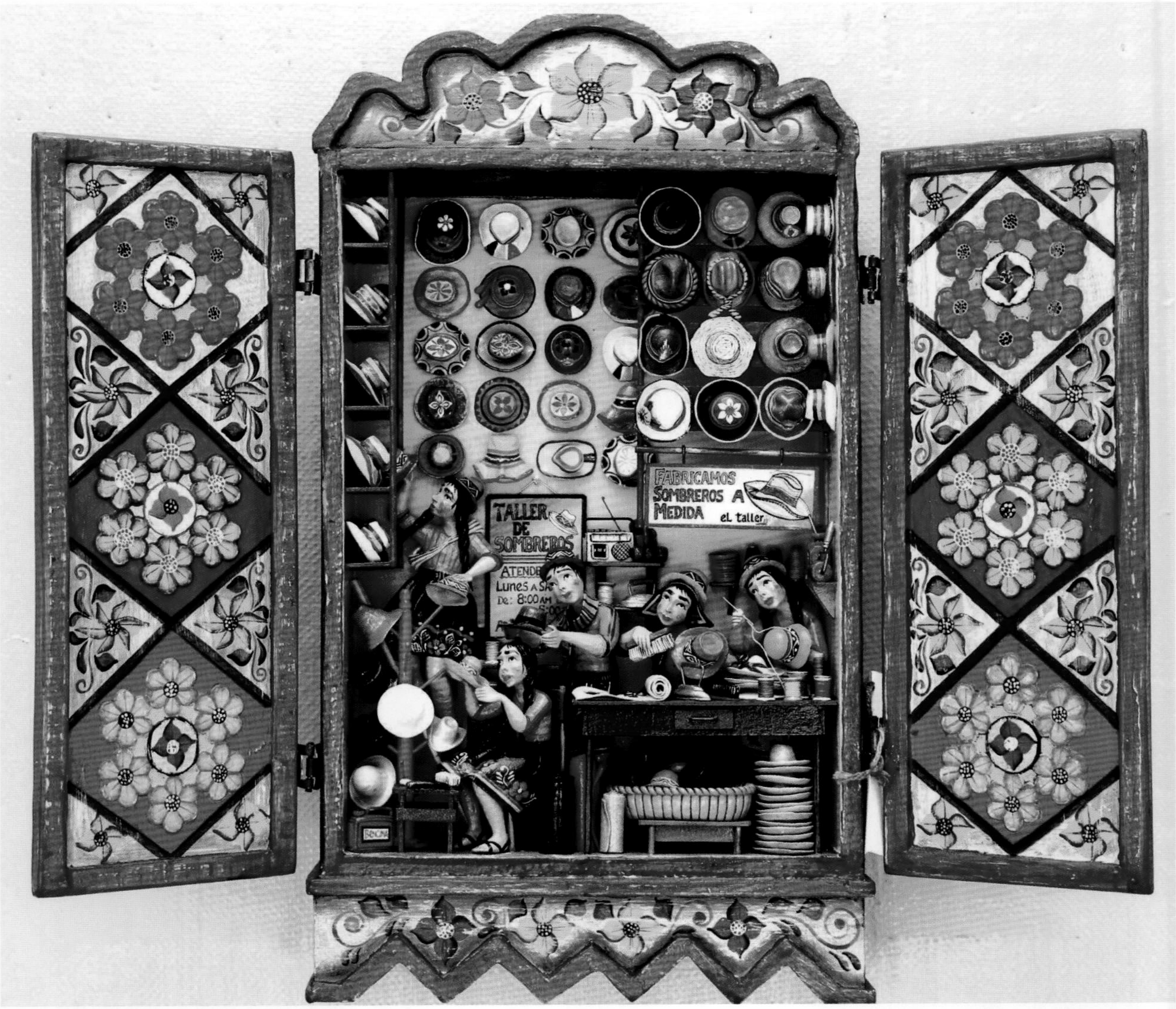

▲ 作品名称：《帽子商店》

很多城市每年至少有一两次大的户外艺术节。艺术家们可以沿街设立自己的摊位来展示和出售他们的艺术作品。

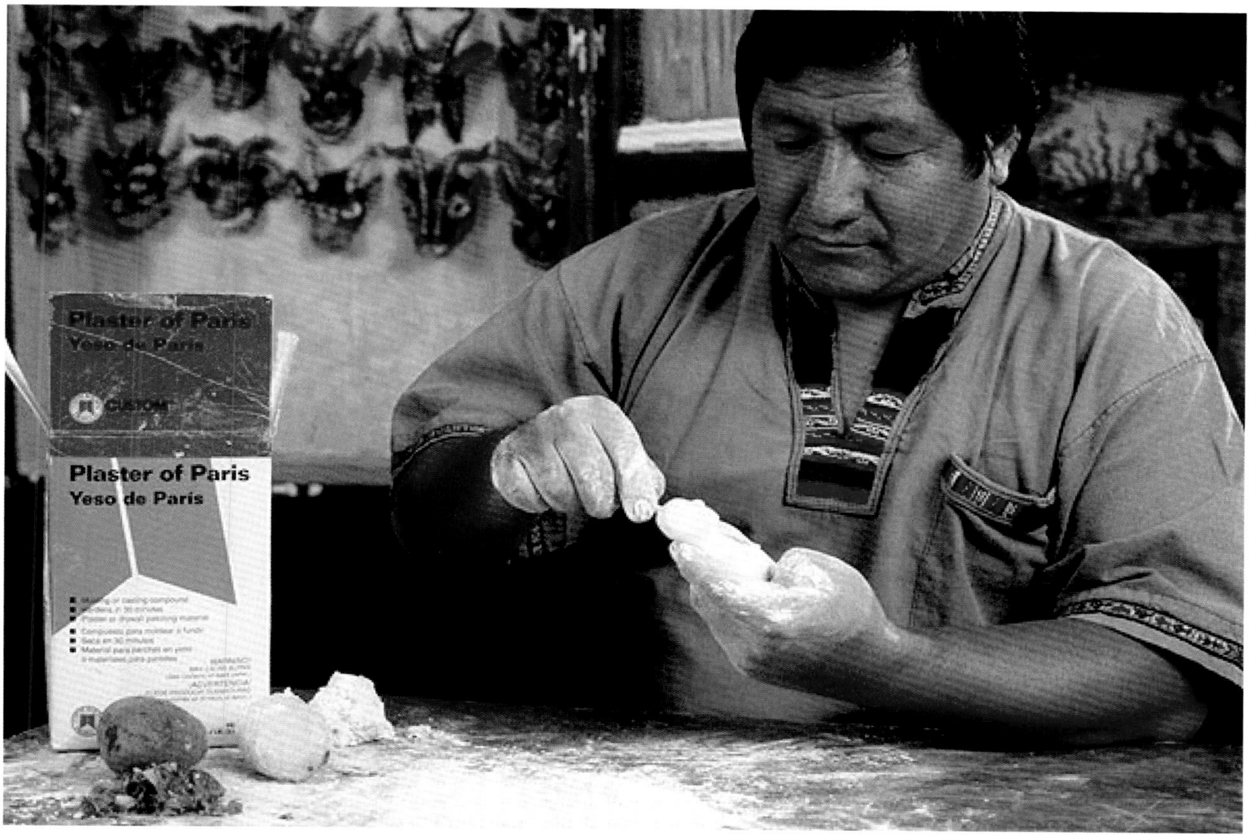

▲ 尼卡里奥·希门尼斯在工作

艺评之角

关于艺术的思考

如果你有机会制作自己的“雷塔布”，你会在自己的“雷塔布”作品中展示什么场景呢？

第三十九课 艺术与生活

艺海博览

舞蹈中的传统

舞蹈是人类历史上最早产生的艺术形式之一。人们会用舞蹈来讲述故事，表达民族自豪感。

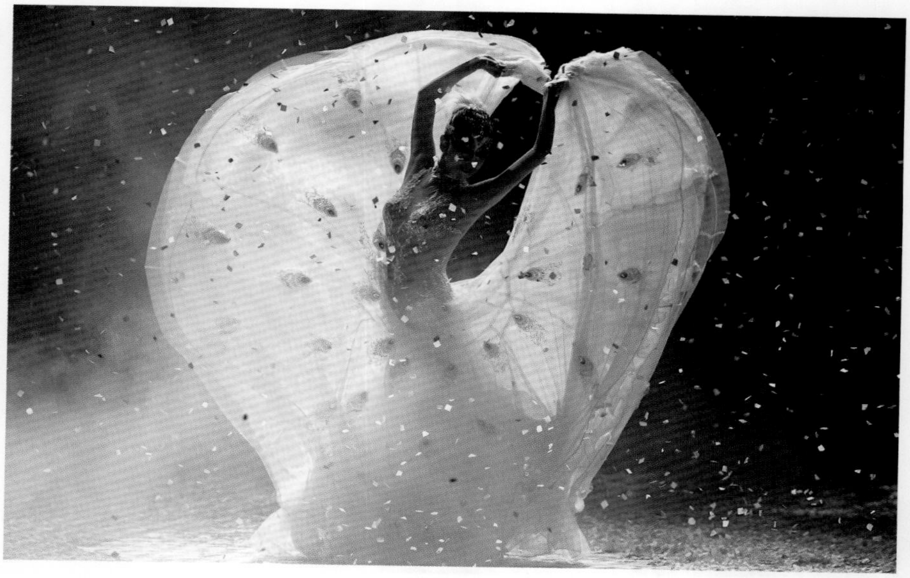

▲ 孔雀舞

孔雀舞是我国著名的傣族舞蹈。对傣族人来说，孔雀是“神圣的鸟”，代表着幸福和好运。自古以来，傣族人就与这种美丽的鸟类结下了不解之缘。傣族人很了解孔雀的习性，他们将自己的观察融入舞蹈，创造了孔雀舞。孔雀舞讲述的故事大都来源于民间传说和神话故事。这种优美的舞蹈已经被列入第一批国家级非物质文化遗产名录。

藏族是能歌善舞的民族，他们的歌曲旋律优美、婉转动听，舞蹈种类繁多，风格刚柔相济。

藏族人认为，鼓能给人带来吉祥与欢乐，是祈福不可或缺的器具，所以在一些祭祀活动和节日舞蹈中，他们都要进行击鼓作舞的表演。

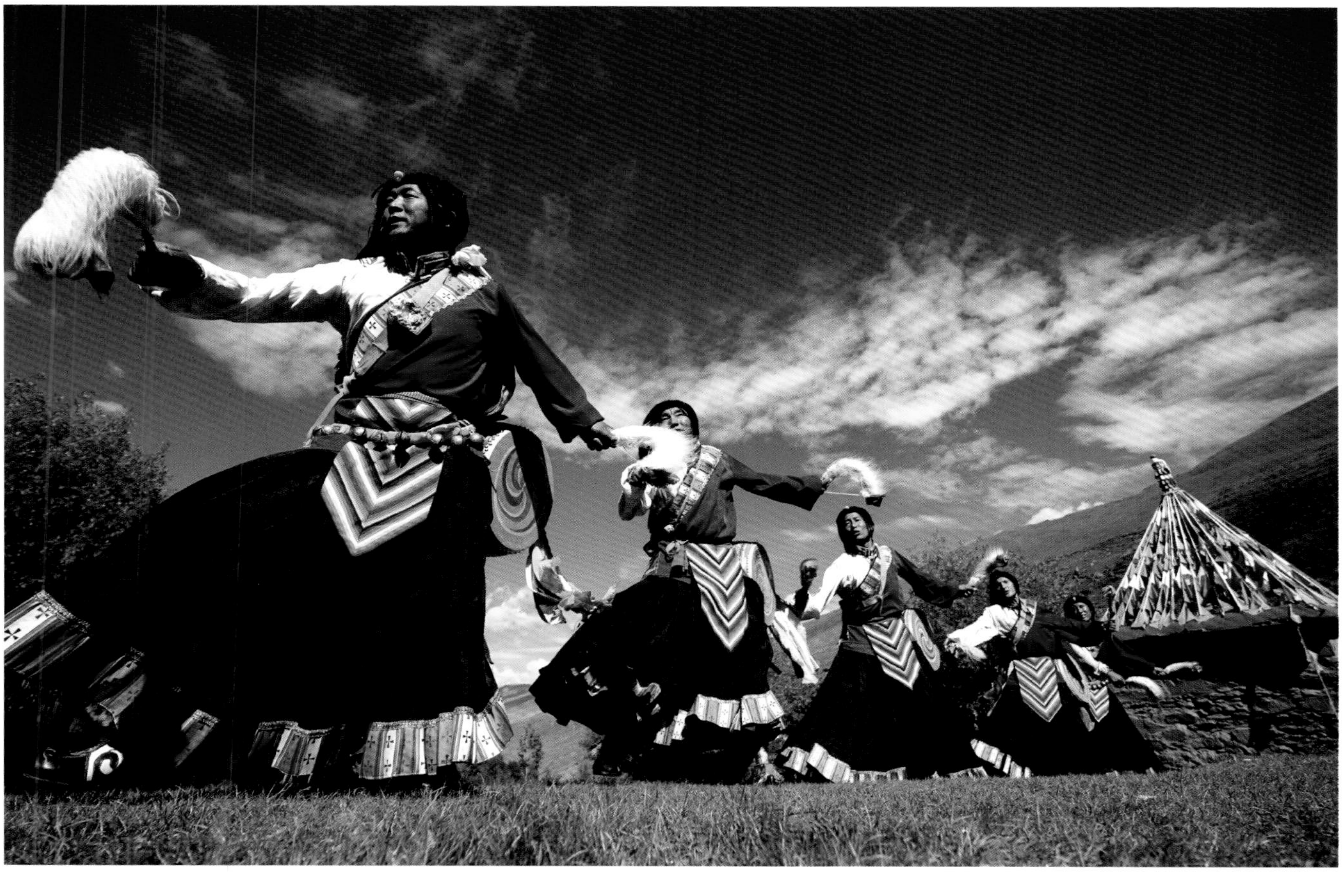

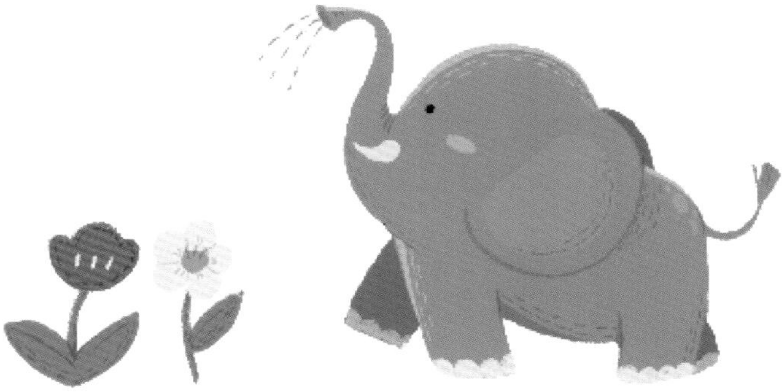

艺评之角

关于艺术的思考

你喜欢什么样的舞蹈呢？你能从这种舞蹈中体会到身为中华民族的自豪感吗？

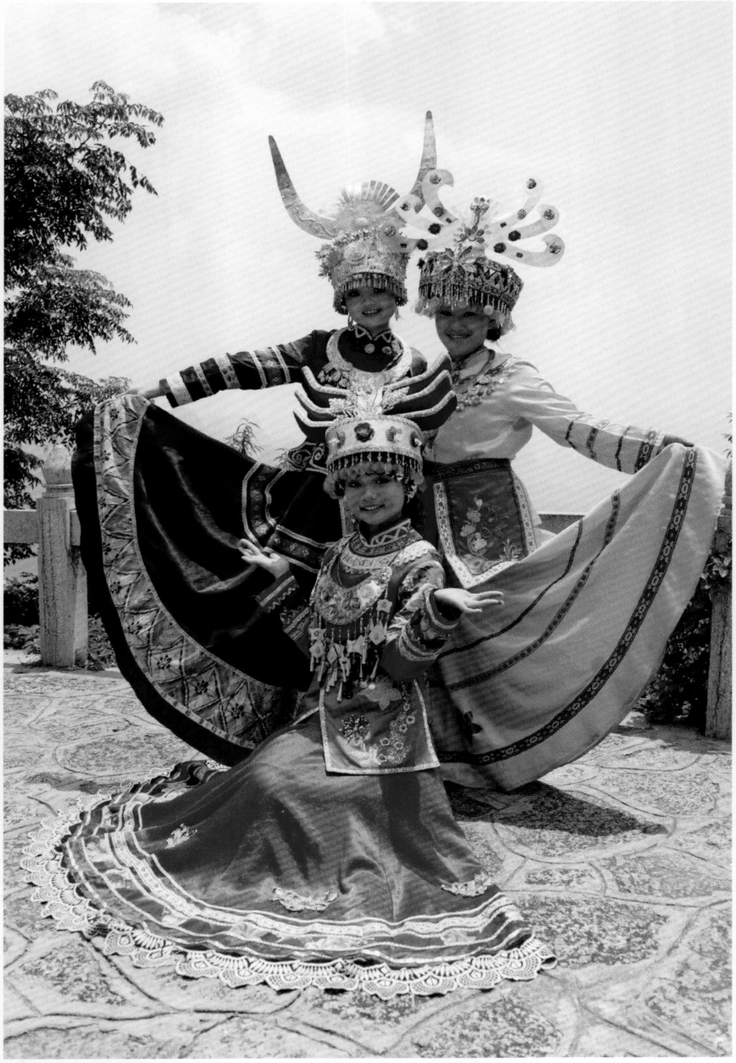

▲ 身穿民族服装的舞者